Konstantin Drescher

Mittelalter

·KOCHBUCH·

WirmachenDruck.de
Sie sparen, wir drucken!

Email: info@edition-lunerion.de
www.edition-lunerion.de

Psiana eCom UG
Berumer Str. 44
26844 Jemgum

Vorwort

Das Leben im Mittelalter fasziniert und begeistert Sie? Vielleicht gehen Sie auf Mittelaltermärkte, spielen Rollenspiele oder lesen historische Romane? Doch der kulinarische Aspekt kam dabei bislang zu kurz? Dann schnappen Sie sich dieses Buch und sorgen Sie für Mittelalterflair bei der nächsten Festtafel!

Bauernarmut in Hungerszeiten, erlesene Köstlichkeiten am Adelstisch, deftige Klostermahlzeiten oder der geschmackvolle Küchenreichtum der einfachen Bevölkerung: Die Küche des Mittelalters bot von mühsamer Ernährung bis hin zum opulenten Gaumenschmaus schier unendliche Vielfalt, die sich über die Jahrhunderte hinweg nur immer mehr erweitert hat. Diese Genüsse schmeicheln auch den modernen Geschmacksknospen und so entdecken Sie hier eine Riesenauswahl an unterschiedlichsten Rezepten, die vom einfachen Roggenbrot über nahrhafte Wirtshaussuppe bis hin zur raffinierten Kalbsleberpastete Simples, Sättigendes und Verführerisches zugleich im Angebot hat. Ob Frühstück oder Hauptgericht, Bauernspeise oder Herrenspeise, Gemüse oder Fleisch, Süßspeise oder belebender Trunk – hier kommen Veggies, Fleischfans, Fischliebhaber und Naschkatzen gleichermaßen auf ihre Kosten.

Guten Appetit!

INHALT

Wissenswertes

FRÜHES MITTELALTER

Der Zeitraum von Mitte des 6. Jahrhunderts bis etwa 1050 n. Chr. wird allgemein als Frühes Mittelalter bezeichnet, in Abgrenzung zum Hoch- und Spätmittelalter. In dieser Zeit kam es nach und nach zur Neuordnung der europäischen und am Mittelmeer gelegenen Reiche: Kriege gegen muslimische Herrscher, die Teilung in christliche und islamische Gebiete und die damit verbundenen Völkerwanderungen veränderten das vormals Römische Reich grundlegend.

In Europa bildete sich eine neue Gesellschaftsordnung heraus, bei der Adel und Klerus die führenden Gesellschaftsschichten bildeten. Aufzeichnungen aus dem frühen Mittelalter zeichnen ein Bild von überwiegend ungebildeter Landbevölkerung, die Agrarwirtschaft betrieb, einem Bürgertum mit Handels- und Handwerksbetrieben und dem mächtigen Adel und kirchlichen Würdenträgern. Bildung und Landbesitz war ausschließlich in der Hand der Oberschicht, wohingegen die einfache Bevölkerung zu Abgaben und Frondiensten herangezogen wurde. Die dörflichen Bewohner sorgten für die Nahrung der Landbesitzer und hatten oft selbst kaum genug. Unter Kaiser Karl dem Großen entwickelte sich das Fränkische Reich während jahrzehntelanger Kriege zu einer europäischen Großmacht. Aus dieser Zeit existieren eine große Zahl von schriftlichen Überlieferungen, sodass auch heute ein relativ deutliches Bild des damaligen Lebens gezeichnet werden kann.

ÜBERGANG FRÜH-/ HOCHMITTELALTER

Ab ca. 1050 n. Chr. bis 1300 n. Chr. vollzog sich ein kultureller Wandel in Europa. Kreuzzüge, mit dem Ziel, die Christianisierung der östlichen Welt voranzutreiben, forderten hohe Abgaben, um Heerzüge auszurüsten. Das sogenannte Rittertum entstand: Meist Adelige, die sich die Ausrüstung mit Pferd leisten konnten, standen in Diensten des Landesherrschers und wurden für ihre Leistungen oft mit Burgen und Liegenschaften belohnt. Aus den östlichen Reichen fanden kostbare Dinge ihren Weg nach Europa: Gewürze, Seidenstoffe, edle Pferde und Beutegut wie Gold und Juwelen, aber auch Gefangene, die als exotische Sklaven verschleppt wurden. Orientalische Reiche waren, was Bildung, Wissen und Kultur betrifft, in vielem deutlich weiterentwickelt als die europäischen Gebiete. Die Einflüsse der überwiegend arabischen (maurischen) Gebiete fand man schnell auch in den Küchen: Die Gerichte wurden mit teuren Zutaten gewürzt, fantasievoll ausgestaltet und abwechslungsreich.

Als bedeutendste Entwicklung des Hochmittelalters ist sicher die Entstehung der ersten Universitäten zu nennen. Bildung war nicht länger nur den Klöstern und ihrem Nachwuchs vorbehalten, sondern wurde auch anderen Schichten zugänglich. Mit dem Spätmittelalter (Mitte 13. bis Ende 15. Jahrhundert n. Chr.) und der Erfindung des Buchdrucks durch Johannes Gutenberg um 1450 n. Chr. wurde Wissen und Bildung immer weiter verbreitet und läutete die sogenannte Neuzeit ein. Und nun profitieren Sie, liebe Leser, von genau dieser Entwicklung! Viel Spaß beim Stöbern und Entdecken!

Bauernspeise

Frühmahl

Hildegund rührte langsam in der Frühsuppe. Das Mehl in ihrem Vorratsbeutel ging langsam zu Ende, und mehr als 2 Löffel der kostbaren Reserve konnte sie heute nicht verkochen, auch wenn ihre 7 Kinder und Ubbo, ihr Mann, mit hungrigen und müden Augen am Tisch saßen und auf die Suppe warteten. Ein paar getrocknete Pflaumen aus dem Vorjahr gaben wenigstens etwas Geschmack, und der Krug Molke sollte für alle reichen. Ihr Jüngstes wurde noch gestillt, aber selbst der Kleine hatte schmale Wangen und schrie oft vor Hunger, denn ihre Milch floss nicht mehr reichlich. Die Abgaben an den Grundherrn waren in diesem Jahr mehr gewesen, als sie sich hätten leisten können: Die Kuh gab kaum noch Milch, da das Futter fehlte, und das Frühjahr war bisher verregnet und kalt gewesen, sodass man an die Bestellung der Felder und des kleinen Gartens hinter dem Haus noch lange nicht denken konnte. Es war nur zu hoffen, dass die Gerüchte von einem bevorstehenden Kriegszug nicht stimmten – denn wo Soldaten einfielen, blieb noch nicht mal das letzte Körnchen Hafer in der Vorratskammer …

Das Frühmahl bestand bei den ärmeren Bevölkerungsschichten fast immer aus Getreide in Form von Brei oder Grütze (gruzzi, muos, maisch, brī), als Suppe und später auch als Brot. Zubereitet mit Wasser, Milch oder Buttermilch, mit wenig Salz, da dieses oft unerschwinglich war, und gewürzt mit selbst geernteten Früchten, Honig oder Musen aus Beeren und Früchten sowie Kräutern und Nüssen.

Als Getreide wurde überwiegend Hafer und Gerste verzehrt, der teurere und feinere Weizen war den „Hohen Herrschaften" vorbehalten. Roggen, Hirse und Dinkel waren je nach Landstrich und Anbaufläche ebenfalls Grundnahrungsmittel.

Für die „niederen" Bevölkerungsschichten waren das Frühmahl sowie das Abendmahl oft die einzigen Mahlzeiten des Tages. Während des Tages wurde nach Möglichkeit ein Imbiss aus Brot oder kaltem gestocktem Brei, gekochten Wurzeln oder anderen Knollen, Käse oder (selten) Rauchfleisch oder Wurst verzehrt.

Da der Mann in den meisten Fällen der Ernährer der Familie war, stand ihm der Hauptteil der Mahlzeit zu; war seine Arbeitskraft geschwächt, litt die ganze Familie Hunger. Deshalb wurden nährstoffreiche Lebensmittel wie Fleisch, Fett

Eier oder Wurst zuerst dem Mann zugeteilt, danach erhielten die Kinder ihren Anteil, und zuletzt die Frau.

GRUZZI I (GERSTENGRÜTZE, CA. 5. JHD.)

4 Port. 35 Min. Leicht

Zutaten

100 g Gerstengrütze, grob geschrotet
250 ml Wasser
500 ml Wasser
50 g Vollkornmehl (Dinkel)
50 g gemahlene Haselnüsse

Nährwerte p. P.

207 kcal
24 g Kohlenhydrate
8 g Fett
6 g Eiweiß

1 Weichen Sie die Grütze über Nacht in 250 ml kaltem Wasser ein.

2 In einem ausreichend großen Topf oder Kessel am nächsten Tag das restliche Wasser mit der eingeweichten Grütze, den Nüssen und dem Vollkornmehl aufkochen, langsam unter Rühren kochen, bis die Gerste weich ist (ca. 35 Min.).

3 Wird der Brei zu dick, gießen Sie etwas Wasser bis zur gewünschten Konsistenz nach.

Diese Form der Grütze ist die einfachste und wird so schon seit dem 5. Jahrhundert etwa zubereitet. Probieren Sie Variationen davon:
Süßen Sie mit 3 EL Honig. Fügen Sie während des Kochens eine Handvoll getrockneter Früchte oder Beeren bei.
Für eine herzhaftere Variante kochen Sie ein Stück geräucherten Speck mit und schneiden diesen zum Servieren in mundgerechte Stücke. Beträufeln Sie die Grütze zum Schluss mit etwas zerlassenem Speck oder Butter und bestreuen Sie sie mit etwas Zimtpulver.

GRUZZI II (SÜẞE HAFERGRÜTZE)

6 Port. 25 Min. Leicht

Zutaten

1,5 l Milch (fettarm oder Buttermilch)
300 g grobe Haferflocken (oder 50 : 50 gemischt feine und grobe)
1 Pr Salz
3 EL Honig
10 Backpflaumen ohne Stein

Nährwerte p. P.

351 kcal
53 g Kohlenhydrate
7 g Fett
16 g Eiweiß

1 Die Milch oder Buttermilch im Kessel (Topf) mit Salz erhitzen, dann die Haferflocken dazugeben und aufkochen lassen.

2 Die Backpflaumen vierteln und zum Brei geben. Unter ständigem Rühren auf kleinem Feuer köcheln, bis der Brei schön sämig ist.

3 Bei Bedarf geben Sie noch etwas Milch dazu. Die Portionen in Schalen anrichten und mit dem Honig beträufeln.

HABERMUS (N. HILDEGARD V. BINGEN, CA. 11. JHD.)

4 Port. 15 Min. Leicht

Zutaten

250 g Dinkelschrot
500 ml Wasser
4 reife mittelgroße Äpfel, ungespritzt
4 EL Apfel- oder Birnenkraut (eingedickter Fruchtsaft)
1 TL Galgant, getrocknet und gemahlen
1 TL Bertramwurzel, getrocknet und gemahlen

Nährwerte p. P.

315 kcal
61 g Kohlenhydrate
2 g Fett
9 g Eiweiß

1 Mischen Sie in einem Topf oder Kessel das Wasser mit dem Dinkelschrot, lassen Sie die Mischung langsam aufkochen und auf kleinem Feuer langsam weiterköcheln, bis ein sämiger Brei entsteht. Nach Bedarf noch etwas Wasser zufügen.

2 Die Äpfel nur bei Bedarf schälen (z. B., wenn die Schale schon sehr runzlig oder verfärbt ist). Die Kerngehäuse entfernen und die Äpfel auf einer Reibe mittelfein reiben.

3 Ist der Dinkel weich, fügen Sie die Gewürze und die geriebenen Äpfel hinzu, süßen mit dem Apfel- oder Birnenkraut und servieren das Habermus schön warm.

„Der Dinkel ist das beste Getreide, er ist warm, fett und kräftig und milder als andere Getreidesorten. Er bereitet dem, der ihn isst, rechtes Fleisch und rechtes Blut. Er macht frohen Sinn und Freude im Gemüt." Hildegard von Bingen

Galgant ist eine dem Ingwer ähnliche Gewürzpflanze, ursprünglich aus Asien. In Europa mittlerweile fast in Vergessenheit geraten, wird Galgant in der asiatischen Küche weiterhin verwendet und ersetzt oft den Ingwer. Getrocknet und gemahlen gibt Galgant einem Gericht eine würzige, zitronige Schärfe. Als magenstärkend und wärmend eine gute Zutat für ein stärkendes Frühstück, aber auch als Gewürz für allerlei pikante und süße Speisen.

Bertram wächst in warmen Regionen, ist ein Wildkraut und wird in Form von getrockneter und geriebener Wurzel verwendet. Das Pulver schmeckt leicht bitterscharf und wird als verdauungsfördernd, Lunge und Herz stärkend sowie als leistungsfördernd beschrieben.
In der Heilkunde der Nonne Hildegard von Bingen (1098 - 1179 n. Chr.) haben beide Gewürze einen hohen Stellenwert. Sie erhalten beide Gewürze im gut sortierten Asia- und Naturkosthandel.

Suppen

Eine warme Suppe bringt den Körper in Schwung, wärmt die Eingeweide und ist ein guter Energielieferant. Mit sehr einfachen Rezepten lassen sich schmackhafte und auch heute noch beliebte Suppen herstellen. Hier finden Sie vor allem leichte Suppen, im Gegensatz zu Eintöpfen, die Sie bei den Hauptgerichten finden. Die leichten Suppen wurden meist zum Frühmahl zubereitet.

Ursprünglich bezeichnete das Wort sopha, soffa oder sûfan eine flüssige bzw. breiige Speise, die zum Schlürfen oder Trinken war. Daraus entstand im europäischen Raum das Wort Suppe, soupe, soup, sopa oder zuppa.

FRUESUPP (MEHLSUPPE ZUM FRÜHMAHL)

4 Port. 15 Min. Leicht

Zutaten

1 l Wasser, Milch oder Buttermilch
3 EL feines Mehl (Dinkel, Weizen)
1 TL Salz

Nährwerte p. P.

110 kcal
15 g Kohlenhydrate
1 g Fett
9 g Eiweiß

1 Von der Flüssigkeit 100 ml abnehmen und damit das Mehl glatt rühren. Die restliche Flüssigkeit bis kurz vor dem Siedepunkt erhitzen.

2 Das angerührte Mehl unter ständigem Rühren in die heiße Flüssigkeit geben und alles gut aufkochen lassen. Wenn die Suppe gut gebunden ist, das Salz unterrühren und heiß servieren. Nach Belieben mit gehackten Kräutern bestreuen.

Tipp: Als Alternative lässt sich auch eine einfache Brennsuppe zubereiten: Rösten Sie dazu das Mehl zunächst im Topf ohne Zugabe von Fett hell- bis dunkelbraun an und löschen es mit der Flüssigkeit ab. Nach dem Aufkochen abschmecken. Das Rösten des Mehls ergibt einen herzhaften Geschmack, hier eignet sich auch ein Teil Buchweizen-, Kastanien- oder Hafermehl als Zugabe.

Diese einfache Suppe wird in verschiedenen Varianten auch heute noch gern gegessen, vor allem im südeuropäischen Raum. War diese Suppe das Einzige, was es zum Frühmahl gab, knurrte sicher bald wieder der Magen.
Für eine süße Variante kochen Sie das Mehl in Milch und süßen mit Honig.

KRÄUTERSUPPE

6 Port. | 20 Min. | Leicht

Zutaten

3 mittelgroße Zwiebeln
100 g Schweineschmalz (alternativ Butter, Öl oder pflanzliches Schmalz)
80 g Mehl Type 1050 (Weizen, Dinkel, fein gemahlen)
500 ml Milch, fettarm
2 l Wasser
2 Tassen gehackte Kräuter (z. B. Brennnessel, Pimpernelle, Kerbel, Giersch, Gundermann, Gänseblümchen, Knoblauchrauke, Sauerampfer. Alternativ Petersilie, Schnittlauch, gemischte Gartenkräuter)
150 g klein geschnittene Pilze (Champignons oder Waldpilze)
100 g Räucherspeck, gewürfelt (alternativ 5 EL Leinöl)
Salz, schwarzer Pfeffer n. B.
½ TL Muskatnuss, gerieben

1 Schälen Sie die Zwiebeln und schneiden Sie sie in kleine Würfel.

2 Schmalz oder anderes Fett im Topf zerlassen und darin die Zwiebelwürfel goldgelb anbraten.

3 Geben Sie das Mehl darüber und lassen Sie es hellbraun anrösten. Gießen Sie mit dem kalten Wasser auf und lassen Sie das Ganze unter ständigem Rühren einige Minuten aufkochen, bis die Masse eindickt.

4 Gießen Sie jetzt die Milch dazu und kochen noch mal auf. Die Suppe sollte jetzt schön sämig sein.

5 Nach Geschmack rösten Sie die Speckwürfel etwas an und geben sie zusammen mit den Kräutern und den Pilzen zur Suppe, schmecken Sie kräftig mit den Gewürzen ab und lassen Sie die Suppe noch einige Minuten durchziehen. Verwenden Sie Leinöl statt Speck, träufeln Sie dieses auf die in Schalen angerichtete Suppe.

Nährwerte p. P.

313 kcal
15 g Kohlenhydrate
23 g Fett
8 g Eiweiß

Wildkräuter kann man das ganze Jahr über sammeln. Kräuterkundige bieten oft Kurse zur Bestimmung an, und es lohnt sich, mit offenen Augen durch die Natur zu gehen und fast vergessenes Wissen aufzufrischen! Als Würz- und Heilmittel waren Kräuter für die Menschen im Mittelalter unverzichtbar. Das Wissen um die Heilkraft von Kräutern ist überwiegend aus Klöstern überliefert, die in ihren Gärten die wichtigsten Heilpflanzen kultivierten.

BROTSUPPE (MITTELALTERLICHES REZEPT AUS DER STEIERMARK)

6 Port. 30 Min. Leicht

Zutaten

800 g altbackenes Roggenbrot
2 EL Schweineschmalz
3 mittelgroße Zwiebeln
1 Knoblauchzehe
1 große Möhre
1 - 2 EL Butter oder Schmalz
300 ml Leichtbier
1,5 l Rindfleischbrühe
Salz, Pfeffer n. B.
1 Bund Schnittlauch

Nährwerte p. P.

440 kcal
66 g Kohlenhydrate
11 g Fett
10 g Eiweiß

1 Das Roggenbrot wird in nicht zu große Würfel geschnitten. Ca. ¼ davon in 1 EL Schmalz in einer Pfanne anrösten und zur Seite stellen. Zwiebeln schälen und in Ringe schneiden, die Knoblauchzehe schälen und fein hacken. Möhre schälen und in dünne Scheiben schneiden.

2 In einem großen Topf die Zwiebeln mit restlichem Schmalz anrösten, die trockenen ungerösteten Brotwürfel dazugeben und alles mit der Fleischbrühe übergießen.

3 Das restliche Gemüse in Butter anbraten und etwas Farbe nehmen lassen. Mit dem Bier ablöschen, kurz aufkochen und zur Suppe geben.

4 Lassen Sie die Suppe ca. 15 Min. leise köcheln, bis das Brot weich geworden ist. Schmecken Sie würzig mit Salz und Pfeffer ab. In Schalen geben Sie portionsweise von dem gerösteten Brot, gießen die heiße Suppe darüber und bestreuen das Ganze mit fein geschnittenem Schnittlauch.

„Zu morgens und der fruesuppen solle den armen leutten alweg ain richt, es sey ain milich, vleisch oder anndere suppen nach gelegenhait der zeit oder ain khoch geben werden."

„Morgens und zur Frühsuppe soll den armen Leuten immer ein Gericht gegeben werden; je nach zeitlichen Möglichkeiten soll es eine Milch-, Fleisch- oder andere Suppe oder ein Koch [d. h. Schmarren] sein." Hofspital Aussee, 1568

Dieses Rezept stammt aus einer Spitalsküche; Sie sehen, dass es für manch armen Menschen dort ein deutlich reichhaltigeres Frühstück gab als zu Hause!

SOUBEN VON LOMBARDEY (MITTELALTERLICHES REZEPT AUS DER LOMBARDEI)

6 Port. | 30 Min. | Leicht

Zutaten

750 g Möhren
75 g Butter oder Schmalz
1,5 l Fleischbrühe (alternativ Gemüsebrühe)
2 Stängel Thymian, frisch (alternativ 1 TL getrockneter Thymian)
Salz, schwarzer Pfeffer n. B.
4 große frische Eigelbe
1,5 l Traubensaft, weiß
½ TL Muskat, gemahlen
1 Msp Safran
½ TL Zimt, gemahlen
2 Gewürznelken, fein zerstoßen
75 g Hartkäse, gerieben (Emmentaler, Gran Padano, Pecorino)
n. B. geröstete Brotwürfel, gehackte Kräuter, geriebener Käse

Nährwerte p. P.

406,2 kcal
46,1 g Kohlenhydrate
19,5 g Fett
9,6 g Eiweiß

1 Die Möhren waschen und schälen, in feine Scheibchen schneiden.

2 In einem Topf die Butter zerlassen und die Möhren darin andünsten, mit der Brühe aufgießen und den Thymian dazugeben. Lassen Sie die Suppe ca. 15 Min. kräftig kochen.

3 Sind die Möhren gar, nehmen Sie den Topf vom Feuer. Fügen Sie die Gewürze und den geriebenen Käse hinzu.

4 Verquirlen Sie die Eigelbe mit dem Traubensaft und gießen Sie diese Mischung unter ständigem Rühren in die Suppe. Danach lassen Sie das Ganze noch einmal kurz aufwallen, bis eine leichte Bindung entsteht. Nicht mehr kochen, da sonst das Eigelb gerinnt.

5 In Portionstellern anrichten und nach Belieben mit etwas geriebenem Käse, Kräutern oder gerösteten Brotwürfeln bestreuen.

BIERSUPPE (MITTELALTERLICHES REZEPT, CA. 1750)

4 Port. 20 Min. Leicht

Zutaten

1 l helles Bier (alternativ Malzbier)
250 ml Weißwein
4 EL Schmand (Sauerrahm)
3 Eigelbe Gr. M
1 EL Butter oder Schmalz
3 Scheiben Schwarzbrot
2 EL Zucker oder Honig
2 TL Zimt
einige Blättchen Fenchelgrün

Nährwerte p. P.

367 kcal
47 g Kohlenhydrate
11 g Fett
8 g Eiweiß

1 Kochen Sie das Bier und den Wein zusammen in einem Kessel oder Kochtopf kräftig auf.

2 Verrühren Sie in einer extra Schüssel die Eigelbe mit dem Sauerrahm und fügen einige Löffel der heißen Flüssigkeit unter Rühren dazu. Die verrührten Eigelbe unter ständigem Rühren in die Biermischung gießen und bei geringer Hitze leise köcheln lassen.

3 In der Zwischenzeit schneiden Sie das Brot in kleine Würfel und rösten diese in der Butter oder Schmalz hellbraun an. Die Röstbrotwürfel zur Suppe geben und noch einmal aufkochen lassen, mit Zucker und Zimt nach Geschmack würzen.

4 Die Suppe in Tellern anrichten und mit Fenchelgrün bestreuen.

Tipp: Auch mit knusprig gebratenen Speckwürfelchen schmeckt die Suppe sehr gut, dazu passt eine Scheibe kräftiges Brot oder Pellkartoffeln, die man in der Suppe zerdrückt und mit Schnittlauch bestreut.

BROTCHAN FOLTCHEP (LAUCH-HAFERSUPPE, IRLAND, 6. JHD.)

4 Port. 40 Min. Leicht

Zutaten

4 mittelgroße Stangen Lauch (Porree)
500 ml Gemüsebrühe
500 ml Milch, fettarm
60 g grob geschroteter Hafer (oder grobe Haferflocken)
50 g Butter
125 ml Sahne oder Sauerrahm
Salz, Pfeffer
1 Bund Petersilie

Nährwerte p. P.

374 kcal
24 g Kohlenhydrate
24 g Fett
12 g Eiweiß

1 Bereiten Sie den Lauch vor: Entfernen Sie die harten dunklen Blätter, schneiden den Lauch in dünne Ringe und waschen diese gründlich in kaltem Wasser. Lassen Sie den Lauch auf einem Sieb abtropfen.

2 Die Brühe mit der Milch in einem ausreichend großen Topf zum Kochen bringen und den Hafer einrühren. Auf kleiner Flamme ca. 20 - 30 Min. kochen lassen, bis der Hafer weich ist.

3 In der Zwischenzeit schwitzen Sie die Lauchringe in der Butter glasig an und geben die Mischung nach 15 Min. Kochzeit zur Hafersuppe.

4 Die Petersilie waschen und schön fein hacken.

5 Am Ende der Garzeit den Topf vom Feuer nehmen, die Sahne (Sauerrahm) einrühren und das Ganze mit Salz und Pfeffer abschmecken. Mit Petersilie bestreut servieren.

Dieses Rezept für eine nährende Hafersuppe stammt aus Klosterrezepturen und wurde dort seit dem 6. Jahrhundert von den Mönchen verspeist.

Hauptspeisen

Hildegund breitete ihr Umschlagtuch unter der Krone einer dichten Linde aus und setzte sich mit ihrem Jüngsten in den Schatten. Erhitzt wischte sie sich den Schweiß von der Stirn und begann, den Kleinen zu stillen, während sie ihre anderen Kinder im Auge behielt. Warm war es heute, Anfang Mai wuchs bereits viel frisches Grün, und sie war mit ihrer Kinderschar ausgezogen, Wildgemüse, Kräuter und die ersten Fichtenspitzen zu sammeln. Ihr Mann hatte heute Frontag beim Grundherren, zumindest er würde eine reichliche Mahlzeit erhalten. Für sie und die Kinder hatte es zum Frühmahl Grütze aus Hafer und einigen getrockneten Birnen gegeben, und die Kinder quengelten schon jetzt nach mehr … Ihre beiden großen Körbe waren glücklicherweise schon gut gefüllt: Zarte Brennnesseltriebe, Giersch, Löwenzahnwurzeln, wilde Zwiebeln, Ackersenf und Bärlauch hatten sie in großen Mengen gefunden, und unten am Bach wuchs bereits die Brunnenkresse reichlich. Heute würde Hildegund mit dem letzten Stück Speck einen würzigen Eintopf zum Abendmahl zubereiten …

Die Hauptspeisen der ärmeren Bevölkerung setzten sich überwiegend aus Gemüse, Hülsenfrüchten, Getreide, Früchten, Kräutern, Pilzen, Eiern und wild gesammelten Knollen zusammen. Sammeln von Wildgemüse und Wildfrüchten bereicherte den oft kargen Speiseplan. Lebensmittel wurden für den Winter getrocknet, Salz als Konservierungsmittel war zu teuer und kostbar. Die Kartoffel wurde erst ab dem ausgehenden 16. Jahrhundert bekannt.

Fisch und Fleisch war den hochgestellten Bevölkerungsschichten vorbehalten; bei harten Strafen war es zum Beispiel Bauern und Leibeigenen untersagt, zu jagen und zu fischen.

In schlechten Erntejahren litt die Bevölkerung oftmals Hunger, da die Abgaben an die Landbesitzer trotzdem eingetrieben wurden. Mangelernährung wegen der einseitigen Versorgung mit Lebensmitteln war an der Tagesordnung, und die Lebenserwartung dementsprechend niedrig. Erst mit der Landreform und dem Recht, selbst Ackerbau und Viehzucht zu betreiben für den Eigenbedarf, änderte sich die allgemeine Lebensqualität.

Bis dahin sorgten entweder leibeigene Dörfer in Form von Abgaben für die Lebensmittelversorgung der Herren oder Gutshöfe, auf denen leibeigene Bauern in einer Art Verband zusammenarbeiteten und obligatorische Arbeitseinsätze auf dem sogenannten Fron- oder Sollland verrichteten.

Die Mahlzeiten mussten aus dem hergestellt werden, was verfügbar war, sättigend sein und möglichst lange vorhalten. Aus heutiger Sicht eine unglaublich anspruchsvolle Aufgabe für die Hausfrauen!

GEBACKENE ZWIEBELN

4 Port. 60 Min. Leicht

Zutaten

6 große Zwiebeln
125 g Butter oder Schmalz
3 EL Honig
200 ml Weißwein, Apfelwein oder Brühe
150 g Sauerrahm (Schmand)
schwarzer Pfeffer
2 Stängel frischer Thymian

Nährwerte p. P.

496 kcal
29 g Kohlenhydrate
34 g Fett
5 g Eiweiß

1 Heizen Sie den Backofen auf 170 °C (Ober-/Unterhitze) vor.

2 Die Zwiebeln schälen, halbieren und in Streifen schneiden.

3 Die Butter oder Schmalz in einer ofenfesten Pfanne mit hohem Rand schmelzen. Darin lösen Sie den Honig auf und erhitzen den Inhalt, bis der Honig sprudelt.

4 Geben Sie nun die geschnittenen Zwiebeln dazu, rühren alles gut um und schmoren die Zwiebeln hellgelb an.

5 Gießen Sie den Weißwein an und geben Sie die Pfanne für ca. 45 Min. in den vorgeheizten Backofen, bis die Zwiebeln weich und leicht karamellisiert sind.

6 Nehmen Sie die Pfanne aus dem Ofen, fügen den Sauerrahm hinzu und lassen Sie das Gericht über kleiner Flamme noch ca. 10 - 15 Min. einköcheln.

7 Zum Abschmecken geben Sie nach Geschmack schwarzen Pfeffer und evtl. etwas Salz hinzu (Originalrezept ist ohne Salz!), ebenso die abgezupften Thymianblättchen.

8 Serviert werden die gebackenen Zwiebeln in der Pfanne, dazu passt ein gutes Stück dunkles Brot.

BOHNENEINTOPF (KLOSTER TEGERNSEE, CA. 1535)

6 Port.

1 Std., 45 Min. + 8 Std. Einweichzeit

Mittel

Zutaten

400 g weiße Bohnen, getrocknet
1,5 l Fleischbrühe (alternativ Gemüsebrühe)
200 g Möhren
400 g durchwachsener Räucherspeck
3 Knoblauchzehen
2 Stängel Bohnenkraut (oder 1 TL getrocknetes)
schwarzer Pfeffer, Salz
1 Bund glatte Petersilie

Nährwerte p. P.

468 kcal
45 g Kohlenhydrate
19 g Fett
27 g Eiweiß

1 Am Vortag die Bohnen unter fließendem Wasser waschen und in der Brühe über Nacht im Topf einweichen.

2 Kochen Sie am nächsten Tag die Bohnen auf, lassen Sie sie bei geringer Hitze ca. 1,5 Std. weich kochen.

3 In der Zwischenzeit schälen und würfeln Sie die Möhren und schneiden Sie den Speck in kleine Würfel.

4 Geben Sie nun die Speckwürfel in eine Pfanne und rösten Sie sie hellbraun an. Die Speckwürfel beiseitestellen und im Fett die Möhrenwürfel kurz anrösten. Schmoren Sie das Gemüse bei niedriger Hitze weich und geben dabei die zerdrückten Knoblauchzehen und das abgezupfte Bohnenkraut dazu, nach Bedarf auch etwas Brühe.

5 Sind die Bohnen weich, nehmen Sie sie aus der Brühe und passieren Sie sie durch ein Sieb, ebenso die Möhren. (Alternativ können Sie die Komponenten auch mit dem Mixer klein pürieren. Da es sich um Krankenkost handelte, wollte man beim Originalrezept die blähenden Schalenanteile der Bohnen herausfiltern.)

6 Mischen Sie den angebratenen Speck unter die Bohnenmasse, ebenso die Gewürze. Mit Brühe wird der Brei nun zu einer dickflüssigen Suppe verrührt und mit fein gehackter Petersilie bestreut serviert.

BEHAMYSCH ARBAISSN (BÖHMISCHE ERBSENGRÜTZE)

4 Port. 30 Min. Leicht

Zutaten

250 g frische Erbsen
2 mittlere Zwiebeln
2 EL Butter oder Schmalz
1.250 ml Fleischbrühe (alternativ Gemüsebrühe)
3 Fäden Safran
schwarzer Pfeffer
2 Msp Muskatblüte
2 EL fein gemahlener Zwieback oder Semmelbrösel (alternativ Weizenmehl)
1 Bund glatte Petersilie

Nährwerte p. P.

144 kcal
13 g Kohlenhydrate
5 g Fett
7 g Eiweiß

1 Die Zwiebeln schälen und in kleine Würfel schneiden. Safran und Muskatblüte bei Bedarf fein mörsern.

2 In einem Topf zerlassen Sie die Butter oder Schmalz, dünsten darin die Zwiebelwürfel glasig an und geben die frischen Erbsen dazu.

3 Streuen Sie die Zwieback- oder Semmelbrösel darüber, rühren alles gut um und lassen die Brösel kurz Farbe nehmen. Dann löschen Sie mit der Brühe ab, geben die Gewürze hinein und lassen die Suppe auf kleiner Flamme ca. 20 Min. köcheln, bis die Erbsen gar sind.

4 Mit gehackter Petersilie bestreut servieren.

Tipp: Dieses Gericht kann auch mit getrockneten Erbsen zubereitet werden; dazu weichen Sie die entsprechende Menge Erbsen über Nacht in Wasser ein. Die Einweichflüssigkeit können Sie als Brühe mitverwenden. Als Faustregel gilt: Man benötigt ca. ⅓ - ½ des Gewichts von frischen Erbsen bei getrockneten Hülsenfrüchten.

MITTELALTERLICHE KRAUTPFANNE

6 Port. 40 Min. Leicht

Zutaten

1 großer Kopf Weißkohl
750 g klein gehacktes Fleisch (Rind, Schwein, Lamm. Alternativ gemischtes Hackfleisch)
100 - 150 ml Wasser oder Brühe
2 Zehen Knoblauch
2 mittlere Zwiebeln
2 EL Schmalz (alternativ Öl)
1 TL Kümmel
1 Lorbeerblatt
300 g Sauerrahm (Schmand)
schwarzer Pfeffer, Salz

Nährwerte p. P.

518 kcal
15 g Kohlenhydrate
37 g Fett
25 g Eiweiß

1 Entfernen Sie vom Kohl die äußeren Blätter und den Strunk, schneiden den Kopf in Viertel und raspeln diese auf einer groben Raspel, alternativ schneiden Sie feine Streifen mit dem Messer.

2 In einem großen Topf dünsten Sie den Kohl mit dem Lorbeerblatt, der Brühe oder Wasser ca. 20 Min. bei kleiner Hitze, bis der Kohl weich ist. Nehmen Sie den Kohl heraus und stellen ihn in einer Schüssel warm.

3 In der Zwischenzeit schälen Sie Zwiebeln und Knoblauch und schneiden sie in kleine Würfelchen.

4 Zerlassen Sie nun das Schmalz im Topf und rösten Sie darin die Zwiebel- und Knoblauchwürfel kurz an. Dazu geben Sie das Hackfleisch und braten es unter Rühren kräftig an. Das Fleisch soll gut durchgebraten und krümelig sein. Würzen Sie das Fleisch mit Salz und Pfeffer.

5 Geben Sie den geschmorten Kohl zum Fleisch, streuen den Kümmel darüber und mischen alles gut durch. Kurz noch einmal gut erhitzen, dann den Sauerrahm unterrühren und kräftig abschmecken.

So oder ähnlich wurde der einfach anzubauende Kohl meist zubereitet, auch ohne Fleisch, mit Pastinaken oder anderem Wurzelgemüse. Daraus entwickelten sich vielfältige Eintopfgerichte, die bis heute sehr beliebt sind.

LINSENSUPPE (CA. 13. JHD.)

6 Port. | 2 Std., + 8 Std. Einweichzeit | Mittel

Zutaten

250 g braune Linsen
1 l kochendes Wasser
8 mittelgroße Möhren
¼ Sellerieknolle (ca. 200 g)
2 Stangen Lauch
2 mittelgroße Petersilienwurzeln
300 g geräucherter Speck, durchwachsen
1 Bund Bohnenkraut (alternativ 1 EL getrocknetes Kraut)
2 TL Kümmel, ganz
3 Gewürznelken
2 Lorbeerblätter
2 - 3 TL Salz
Essig nach Geschmack
40 g Dinkelmehl

Nährwerte p. P.

429 kcal
41 g Kohlenhydrate
15 g Fett
25 g Eiweiß

1 Am Vortag: Übergießen Sie die Linsen mit dem kochenden Wasser, decken sie ab und lassen diese über Nacht einweichen.

2 Die Gemüse mit einer Bürste unter Wasser gut säubern, schälen und die Enden wegschneiden, vom Lauch die starken äußeren Blätter entfernen. Alle Schalen, Abschnitte und 3 Möhren (grob zerkleinert) zusammen mit dem geräucherten Speck in einen großen Topf geben. Mit 3 l Wasser aufgießen, bis alles bedeckt ist, zum Kochen bringen und für 1 Std. bei mittlerer Hitze kochen lassen.

3 In der Zwischenzeit schneiden Sie Sellerie, Möhren, Petersilienwurzeln und Lauch in kleine Würfel.

4 Am Ende der Kochzeit nehmen Sie das Fleisch aus der Brühe und gießen die Flüssigkeit durch ein Sieb in einen zweiten Topf. Drücken Sie das Gemüse im Sieb gut aus, die Reste verwerfen.

5 In die Brühe geben Sie nun das klein geschnittene Gemüse, die Gewürze und die Linsen mit dem Einweichwasser. Bringen Sie alles zum Kochen und lassen Sie die Suppe für weitere 40 Min. köcheln, bis das Gemüse und die Linsen weich sind. Schneiden Sie den geräucherten Speck in mundgerechte Würfel.

6 Am Ende der Garzeit rühren Sie das Dinkelmehl in kaltem Wasser an und geben langsam so viel zur kochenden Suppe, bis die gewünschte Konsistenz (Bindung) erreicht ist. Die Fleischwürfel zur Suppe geben, alles kräftig mit Salz und Essig abschmecken und heiß servieren.

Tipp: Für eine fleischlose Variante kochen Sie die Brühe einfach ohne Speck. Die Brühe aus Resten der Gemüseverwertung zuzubereiten, hat ebenfalls eine lange Tradition. Man konnte sich einfach nicht leisten, auch nur die geringsten Reste der Nahrung wegzuwerfen.

LINSEN MIT KÄSE (MITTELALTERLICHES REZEPT AUS FRANKREICH)

6 Port. | 1 Std., 30 Min. | Leicht

Zutaten

900 g braune Linsen
1,5 l fertige Gemüsebrühe oder Wasser
2 Kräutersträußchen (Majoran, Oregano, Thymian, Bohnenkraut)
1 TL Kümmel
Salz, schwarzer Pfeffer
3 Safranfäden
1 TL Zucker
2 EL Balsamico (alternativ Apfel- oder Rotweinessig)
6 Eier Gr. M, hart gekocht
100 g mittelalter bis alter Käse, gerieben
etwas Butter für die Form

Nährwerte p. P.

700 kcal
88 g Kohlenhydrate
13 g Fett
49 g Eiweiß

1 Setzen Sie die Linsen zusammen mit der Brühe auf und bringen Sie sie zum Kochen. Fügen Sie die Kräutersträußchen, in ein Stoffsäckchen/-tuch gebunden, dazu und lassen Sie die Linsen 1 Std. bei mittlerer Hitze köcheln. Gießen Sie nach der Garzeit die Linsen ab und entfernen das Kräuterbündel.

2 Heizen Sie den Ofen auf 180 °C (Ober-/Unterhitze) vor. Fetten Sie eine ofenfeste Form mit der Butter. Zerreiben Sie die Safranfäden mit Zucker im Mörser und lösen das Pulver in etwas Wasser auf.

3 Die Linsen in die Form geben, mit Salz, Pfeffer, Kümmel, Safran und Essig würzen.

4 Setzen Sie die gekochten Eier auf die Linsen, bestreuen sie mit Käse und lassen das Gericht im Backofen ca. 10 Min. backen, bis der Käse leicht gebräunt ist.

ADETIA, ADASIYYA (MUS VON LINSEN, 15. JHD.)

4 Port. 30 Min. Leicht

Zutaten

200 g rote oder gelbe Linsen
400 ml Wasser
2 EL Koriandersamen (alternativ 1 gehäufter TL gemahlener Koriander)
1 EL Zucker
2 EL Honig
60 ml milder Essig
2 EL Sesamöl (alternativ Olivenöl)
Salz, schwarzer Pfeffer
1 EL gehackte Petersilie oder Koriandergrün

Nährwerte p. P.

305 kcal
44 g Kohlenhydrate
6 g Fett
13 g Eiweiß

1 In einem mittleren Topf setzen Sie die Linsen mit dem Wasser auf, bringen sie zum Kochen und lassen sie in ca. 20 Min. weich kochen. Die Linsen sollten das Wasser zum größten Teil aufsaugen, bitte achten Sie darauf, dass die Masse nicht anbrennt!

2 In der Zwischenzeit rösten Sie die Koriandersamen in einer trockenen Pfanne kurz an und mörsern sie sehr fein.

3 Geben Sie die Gewürze, Essig, Zucker und Honig zu den Linsen. Unter Rühren weiter einköcheln lassen, bis die Linsen ganz zerfallen sind und das Gericht eine sämige Konsistenz hat. Mit Salz und Pfeffer abschmecken und kurz vor dem Servieren das Öl einrühren. Mit gehackter Petersilie oder Koriander bestreut servieren.

Dieses Rezept stammt aus dem arabischsprachigen Mittelalter. Der Einfluss der orientalischen Gewürze bereicherte die europäische Küche in vielerlei Hinsicht. Im Orient waren durch medizinische Beobachtungen, Aufzeichnungen und die bereits weit entwickelte Wissenschaft die Wechselwirkungen und Heilkräfte von Gewürzen und Kräutern bereits sehr fortgeschritten.

GERSTEN-KRÄUTER-EINTOPF (ENGLAND, 7. JHD.)

6 Port. | 1 Std., 45 Min. | Leicht

Zutaten

2 EL Butter
1 kg Fleisch mit Knochen (Hase, Kaninchen, Huhn)
450 g Lauch, geputzt
5 Knoblauchzehen
175 g Gerste, ganz oder grob geschrotet
1 l Wasser
3 EL Essig (Rot- oder Weißweinessig, alternativ Apfelessig)
2 ganze Lorbeerblätter
15 frische Salbeiblätter (alternativ 1 EL getrockneter Salbei)
Salz, Pfeffer

Nährwerte p. P.

511 kcal
35 g Kohlenhydrate
12 g Fett
60 g Eiweiß

1 Schneiden Sie das Fleisch in grobe Stücke. Lauch in dicke Ringe schneiden und gründlich waschen, abtropfen lassen. Die Knoblauchzehen schälen und fein hacken.

2 In einem schweren Topf die Butter erhitzen und darin das Fleisch, den Lauch und Knoblauch leicht anbraten. Das Fleisch soll nur leicht Farbe annehmen.

3 Die Gerste mit Wasser, Essig und den Gewürzen dazugeben, alles zum Kochen bringen und für 1 ½ Std. zugedeckt auf kleiner Flamme köcheln lassen, bis das Fleisch sich von den Knochen löst.

4 Mit Salz und Pfeffer kräftig abschmecken. Den Salbei in feine Streifchen schneiden und kurz vor dem Anrichten unter die Suppe mischen, portionsweise in Schüsseln auftragen.

Bevor Gewürze wie Salz, Pfeffer und andere orientalische Gewürze für die Köche verfügbar waren, wurden hauptsächlich Kräuter zum Würzen verwendet, und das reichlich!

Ein gewildertes Kaninchen oder Hase waren oft die einzige und sehr seltene Gelegenheit für die ärmere Landbevölkerung, an Fleisch zu kommen. Da das Jagdrecht der Grundherren ihnen verbot, selbst zu jagen, zu fischen oder Fallen zu stellen, war die Beschaffung oft ein höchst riskantes Unternehmen, auch bei der Zubereitung. Die Strafen für Wilderei reichten von drakonischen Geldbußen über den Verlust von Augen oder Händen bis zur Todesstrafe. Und der Duft eines Fleischeintopfs zog die Ordnungshüter von weit her an.

BROTKNÖDEL (CA. 1450)

6 Port. | 1 Std., 30 Min. + 8 Std. Abkühlzeit | Mittel

Zutaten

750 g altbackenes Roggenbrot
150 g grober Weizenschrot (Bulgur), alternativ 3 gekochte Kartoffeln
1 große Zwiebel
2 Knoblauchzehen
200 g Räucherspeck
3 Eier Gr. M
150 g geriebenes Weißbrot (Weckmehl)
3 EL Schmalz
300 ml kochendes Wasser (bei Bedarf mehr, alternativ kochende Milch)
½ TL Muskatnuss, gerieben
1 TL Pfeffer

Nährwerte p. P.

703 kcal
82 g Kohlenhydrate
26 g Fett
27 g Eiweiß

1 Am Vortag den Weizenschrot in der doppelten Menge Wasser aufkochen, Hitze auf die kleinste Stufe reduzieren und ca. 20 Min. köcheln lassen, bis der Schrot weich und das Wasser komplett aufgesogen ist. Über Nacht abkühlen lassen. Bei der Verwendung von Kartoffeln entfällt dieser Schritt, zerstampfen Sie die Kartoffeln einfach zu Püree.

2 Schneiden Sie das Roggenbrot in Würfel und geben die Würfel in eine Schüssel. Muskat und Pfeffer in das heiße Wasser (Milch) geben und die Flüssigkeit über die Brotwürfel gießen. Mischen Sie das Ganze etwas durch und lassen es ruhen, bis die Brotwürfel weich geworden sind. Bei Bedarf (wenn das Brot sehr trocken ist) noch etwas Flüssigkeit zugeben. Die Masse soll nicht flüssig werden, sondern gut formbar.

3 Zwiebel und Knoblauch schälen. Schneiden Sie die Zwiebel in kleine Würfel und drücken Sie den Knoblauch entweder durch die Knoblauchpresse oder zerreiben Sie ihn mit etwas Salz zu Mus. Speck in kleine Würfel schneiden.

4 Braten Sie in einer Pfanne den gewürfelten Speck im Schmalz an, geben die Zwiebel und das Knoblauchmus dazu und lassen die Zwiebel glasig anbraten, zur Seite stellen.

5 Geben Sie nun den Weizenschrot, die Eier und die Speckmischung zur Brotmasse, ebenso das Weckmehl. Mischen Sie mit den Händen alles zu einem gleichmäßigen Teig und lassen diesen für mindestens 1 Std. zugedeckt ruhen.

6 Bringen Sie reichlich leicht gesalzenes Wasser zum Kochen. Formen Sie aus der Brotmasse tischtennisballgroße Knödel und lassen diese im nur leicht sprudelnden Wasser ca. 15 Min. gar ziehen. Tipp: Formen Sie zunächst einen Probeknödel und lassen diesen im siedenden Wasser ziehen. Bleibt er in Form, können Sie die anderen Knödel formen und garen, fällt der Probeknödel auseinander, geben Sie noch mehr Weckmehl darunter.

7 Nach der Garzeit lassen Sie die Knödel gut abtropfen und auf einer Platte etwas ruhen, dabei verfestigt sich die Masse noch etwas.

8 Servieren Sie die Knödel als eigenständiges Gericht, kurz in der Pfanne in etwas Schmalz angebraten und mit Käse und Petersilie bestreut, oder als Einlage für eine kräftige Gemüsesuppe. In heißer Milch mit etwas Rübensirup darüber wird ein pikant-süßes Gericht daraus.

MITTELALTERLICHER FLEISCHTOPF

6 Port. | 1 Std., 40 Min. | Leicht

Zutaten

1 kg Fleisch (Schwein, Rind, Lamm), in grobe Stücke geschnitten
1 EL Schmalz oder Öl
5 große Möhren
4 Knoblauchzehen
1 daumengroßes Stück frischer Ingwer
1 Knollensellerie (ca. 350 g)
1 Stange Lauch
1 Bund frischer Thymian
1 Strauß Bärlauch (ca. 1 Handvoll)
500 ml Buttermilch
1 Glas Honig (ca. 250 g)
750 ml trockener Rotwein (alternativ Traubenmost)
1 TL schwarzer Pfeffer
1 - 2 TL Salz

Das Gericht lässt sich sehr gut an einem Backtag im Holzbackofen zubereiten; die Resthitze vom Brotbacken reicht für Schmorgerichte meist aus.

Nährwerte p. P.

585 kcal
47 g Kohlenhydrate
15 g Fett
41 g Eiweiß

1 Schneiden Sie das Fleisch in grobe Stücke und entfernen Sie eventuell sehnige Anteile.

2 Die Möhren schälen und in grobe Stücke schneiden, ebenso den Sellerie und den Lauch.

3 Die Knoblauchzehen schälen und in feine Scheiben schneiden, Thymian von den Stängeln zupfen und den Bärlauch grob hacken. Ingwer schälen und in Würfelchen schneiden. Backofen auf 180 °C (Ober-/Unterhitze) vorheizen (oder den vorgeheizten Holzbackofen nutzen und bei Bedarf noch einmal etwas anfeuern).

4 Erhitzen Sie das Schmalz oder Öl in einem großen Bräter, bis es deutliche Schlieren zieht. Geben Sie dann das Fleisch und das Gemüse hinein und lassen es einige Minuten scharf anbraten. Die zerkleinerten Kräuter zugeben und mit Salz und Pfeffer würzen.

5 Gießen Sie nun den Honig über das Fleisch, ohne umzurühren, und lassen Sie das Ganze etwas schmoren. Geben Sie die Buttermilch dazu und lassen das Gericht noch einige Minuten bei starker Hitze schmoren.

6 Zum Schluss gießen Sie den Wein an und lassen den Fleischtopf ohne Deckel für etwa 1,5 Std. im Ofen garen. Bei Bedarf immer wieder noch etwas Flüssigkeit (Buttermilch, Wein, Most) zugeben. Die Konsistenz sollte wie ein Gulasch mit ausreichend Soße sein.

7 Nach der Garzeit noch einmal abschmecken und mit einer Scheibe Roggenbrot oder Brotknödeln servieren.

Getränke

Die einfache Bevölkerung trank im Mittelalter Wasser, Buttermilch, Molke, Most aus Äpfeln, Quitten und Birnen sowie leichtes Bier mit wenig Alkoholgehalt. Das Bier wurde oft im Haushalt selbst hergestellt und selbst Kindern als alltägliches, nährendes Getränk verabreicht. Andere alkoholische Getränke wie Met oder Wein oder auch stärker gebrautes Bier wurden nur bei festlichen Anlässen konsumiert.

Das mittelalterliche Bier unterlag noch nicht, wie heute, dem Reinheitsgebot und wurde oft durch geschmacksintensive Zutaten gewürzt, so z. B. mit Kräutern. Diese Biere nannte man „Grutbier", also Krautbier. Der Hopfen spielte bei der Braukunst im frühen Mittelalter noch keine große Rolle. Der leichte Alkoholgehalt hatte auch den Vorteil, dass das Getränk, anders als Wasser, eher konserviert war und z. B. bei langen Reisen einen frischen Getränkevorrat möglich machte.

Auf verschiedenen Seiten finden Sie praktikable Rezepte für das Selbstbrauen von einfachen Bieren, inklusive der benötigten Zutaten und Gerätschaften.

SAUERHONIG (OXYMEL)

80 Port. | 5 Min. | Leicht

Zutaten

600 g naturbelassener, kalt geschleuderter Honig (z. B. Blüten-, Wald- oder Thymianhonig in Bio-Qualität)
200 ml naturbelassener Apfelessig

Nährwerte p. P.

22 kcal
5 g Kohlenhydrate
0 g Fett
0 g Eiweiß

1 Geben Sie den Essig in ein sterilisiertes großes Glas und rühren Sie den Honig vollständig unter.

2 Stellen Sie das verschlossene Glas kühl; ungeöffnet ist der Sauerhonig ca. 1 Jahr haltbar. Nach Anbruch sollte die Mischung innerhalb von 6 Monaten verbraucht werden.

3 Zum Verzehr mischen Sie 1 EL Sauerhonig mit ca. 100 ml kaltem oder höchstens lauwarmem Wasser.

Oxymel (griech. aus Oxy = sauer und Mel = Honig) ist seit der Antike bekannt als Stärkungsmittel, zur Infektabwehr und als erfrischendes Getränk. Auch Hildegard von Bingen erwähnt in ihren Schriften mehrere Rezepturen und Anwendungen. Die probiotische Wirkung von naturbelassenem Essig sowie die zahlreichen antibakteriellen und entzündungshemmenden Wirkstoffe im Honig machen diesen Trunk zu einer echten Bereicherung der Hausapotheke!
Von der einfachen Version bis zu Oxymel mit Heilpflanzenauszügen lohnt es sich, das Getränk zuzubereiten. Ganz nach Ihrem eigenen Geschmack können Sie mit verschiedenen Honigsorten, mehr oder weniger Essiganteilen und den verschiedensten Pflanzen ganz unterschiedliche Sauerhonige zubereiten. Das Getränk hat keinen Alkoholanteil und kann so auch von Kindern und Schwangeren genossen werden.

SAUERHONIG MIT SALBEI UND THYMIAN (OXYMEL)

40 Port. 5 Min. Leicht

Zutaten

300 g naturbelassener, kalt geschleuderter Honig (z. B. Blüten-, Wald- oder Thymianhonig in Bio-Qualität)
100 ml naturbelassener Apfelessig
12 Zweige frischer Salbei (alternativ 4 TL getrockneter Salbei)
12 Zweige frischer Thymian (alternativ 4 TL getrockneter Thymian)

Nährwerte p. P.

25 kcal
6 g Kohlenhydrate
0 g Fett
0 g Eiweiß

1 Die frischen Kräuter waschen, trocken schütteln und die Blätter von den Stängeln streifen. Hacken Sie die Kräuter grob und geben Sie sie in ein verschließbares, sterilisiertes Glas.

2 Honig und Essig gut unterrühren und das verschlossene Glas für 4 Wochen bei Zimmertemperatur stehen lassen. Dabei ab und zu etwas schütteln.

3 Nach 4 Wochen geben Sie die Mischung durch ein feines Sieb und füllen den Sauerhonig in eine saubere Flasche.

4 Zur Stärkung der Immunabwehr trinken Sie täglich 1 EL der Mischung in einem Glas lauwarmem Wasser, möglichst nüchtern.

BOCHET (HONIGTRUNK)

8 Port. | 30 Min. + 2-3 Tag Reifezeit | Leicht

Zutaten

600 g naturbelassener, kalt geschleuderter Honig (z. B. Blüten-, Wald- oder Thymianhonig in Bio-Qualität)
1.250 ml heißes Wasser
1 TL frische Bierhefe (alternativ getrocknete Bierhefe)
1 Pr gemahlener Ingwer
1 Pr gemahlener Piment
1 Pr Kardamom, fein zerstoßen
2 Gewürznelken, fein zerstoßen

Sie benötigen:

großen Emailletopf (kein Kupfer oder Eisen), verschließbares Glasgefäß oder große Schüssel

Nährwerte p. P.

226 kcal
56 g Kohlenhydrate
0 g Fett
0 g Eiweiß

1 Geben Sie den Honig in den Emailletopf und erhitzen Sie ihn, bis er aufschäumt. Gießen Sie das heiße Wasser dazu und rühren Sie die Mischung gut um. Bei mittlerer Hitze köcheln lassen, bis ca. ¼ der Mischung verdampft ist.

2 Füllen Sie die Flüssigkeit in das Glasgefäß oder die Schüssel um und lassen Sie sie abkühlen, bis sie nur noch handwarm ist.

3 Die Hefe in etwas von der Flüssigkeit auflösen und gut unterrühren.

4 Knoten Sie die Gewürze in ein feines Tuch oder Teenetz und hängen Sie dieses in die Flüssigkeit.

5 Bedecken Sie die Schüssel mit einem Tuch oder verschließen Sie das Glas nur locker. Stellen Sie das Gefäß in eine Pfanne oder Schüssel, da die gärende Flüssigkeit überlaufen kann.

6 Für 2 - 3 Tage lassen Sie nun den Honigtrunk bei Zimmertemperatur gären. Anschließend durch ein feines Sieb mit Tuch ablaufen lassen und zum Genuss abfüllen. Wird der Trunk nicht gleich verbraucht, kann er gekühlt aufbewahrt werden; verschließen Sie jedoch die Flaschen nicht ganz, da in der Zeit immer noch ein Gärprozess abläuft!

Tipp: Je nach Gärdauer entwickelt sich mehr oder weniger Alkohol bei diesem Honigtrunk – probieren Sie es aus! Frische Bierhefe kann man bei örtlichen Brauereien bekommen, aber auch getrocknete Bierhefe tut ihren Dienst, die man beim Hobbybrauereibedarf bekommt.

Gebäck

Noch vor Sonnenaufgang machte sich Hildegund auf den Weg in den Wald. Sie musste noch Anfeuerholz für den Backofen holen, Scheitholz hatte ihr Ubbo gestern gespaltet und bereits vor dem Ofen aufgesetzt. Sie beeilte sich, dürres Geäst zu Bündeln zusammenzubinden und in ihrem Tragetuch nach Hause zu schleppen. Mit ihrer kleinen Axt kürzte sie das Gestrüpp und schichtete es mit dürrem Gras und einigen Scheiten auf. Noch einige glimmende Kohlenreste aus der Asche des Küchenherdes, und schon knisterte das Feuer laut. Hildegund hatte am Vorabend bereits den Sauerteig angesetzt, mit einem guten Teil Roggenschrot und gemahlenen Erbsen. Sie musste ihre Vorräte strecken – das Brotgetreide genauso wie das Saatgut war knapp dieses Jahr. Mit geübten Handgriffen knetete Hildegund den Teig und formte 4 runde Laibe, die sie am Ofen stehen ließ, bis die Glut heruntergebrannt war. Ihre Kinder waren mittlerweile aufgewacht und saßen verschlafen rund um den Ofen, um etwas von der Wärme aufzufangen. Nachdem die Glut zur Seite gefegt war, schob Hildegund die Brotlaibe in die Öffnung, und schon nach kurzer Zeit zog der Duft von frisch gebackenem Brot über den Hof und lockte auch ihren alten Schwiegervater an, der mühsam aus dem Haus schlurfte. Für ihn hatte sie bereits etwas Brot in Milch eingeweicht und reichte ihm die Schüssel. „Ach, noch einmal in so ein frisches Brot beißen können", seufzte der zahnlose Alte.

Gebäck in der Ernährung der bäuerlichen Bevölkerung bestand ursprünglich im Rösten von kaltem, fest gewordenem Getreidebrei aus Hafer oder Gerste. Zu flachen Fladen geformt und in Eisenpfannen trocken geröstet, erhielt man so die Urform des Fladenbrotes, noch ohne Triebmittel. Diese Fladen wurden in der Asche, auf der Glut oder in Eisenpfannen gebacken. Diese Art Gebäck war schon bei den frühen nomadisierend lebenden Völkern bekannt; so konnte Getreide haltbar gemacht und gut transportiert werden.

Das bis heute bekannte Brotbacken mit Triebmitteln, die den Teig auflockern, wurde durch die Ägypter bekannt, die vor ca. 5.000 Jahren bereits die Herstellung von Hefen und Sauerteig beherrschten.

In der ärmeren Landbevölkerung im Mittelalter war als Gebäck überwiegend Brot aus dunklem, robustem Getreide und oft auch zugesetzten Hülsenfrüchten bekannt. Zusätze wie Honig, getrocknetes Obst oder Gewürze waren teuer, Backwaren galten damit als Festtagsgebäck.

Hier finden Sie eine kleine Auswahl von Gebäck, wie sie auch die bäuerliche Bevölkerung vermutlich kannte.

DERPIȜPRÔT (ASCHENBROT)

10 Stk. | 25 Min. | Mittel

Zutaten

2 Tassen Vollkornmehl (Dinkel, Roggen, Hafer, Gerste, n. B. gemischt)
1 Tasse kaltes Wasser
½ TL Salz
1 TL Fenchelsamen, zerstoßen

Nährwerte p. P.

65 kcal
12 g Kohlenhydrate
0 g Fett
2 g Eiweiß

1 Alle Teigzutaten in einer Schüssel zu einem geschmeidigen, nicht zu festen Teig verkneten. Klebt der Teig noch zu sehr, fügen Sie etwas mehr Mehl dazu. Bei zu festem Teig die Hände beim Kneten immer wieder befeuchten und so kleine Mengen von Wasser mit unterarbeiten. Für 15 Min. abgedeckt ruhen lassen.

2 Formen Sie aus dem Teig mit bemehlten Händen 10 Kugeln, die Sie dann in der Handfläche oder auf einem Brett zu handtellergroßen Fladen drücken.

3 Bei der Zubereitung am Lagerfeuer oder im Holzbackofen: Legen Sie bereits beim Anheizen eine größere Stein- oder Eisenplatte mit ins Feuer, damit diese gut vorgeheizt ist. Die Fladen auf die heiße Platte legen, etwas Asche und Glut darüber verteilen und für einige Minuten backen lassen. Die Glutstücke zur Seite schieben, die Brote herausnehmen und die Asche abpusten. Alternativ können Sie die Brote auch in einer heißen Eisenpfanne trocken backen, allerdings sind es dann keine echten Aschenbrote mit dem unverwechselbaren rauchigen Geschmack.

Tipp: Noch warm verzehren. Nach dem Abkühlen werden die Brote hart und können als Proviant und Wegzehrung über längere Zeit aufgehoben werden. Man weicht sie dann in etwas Wasser oder Milch ein.

EINFACHES ROGGENBROT

10 Stk.

1 Std., 40 Min. + 2 Tag Ruhezeit

Mittel

Zutaten

750 g Roggenvollkornmehl
1 TL Salz
100 g Roggensauerteig-Anstellgut (siehe Tipp)
400 ml Wasser
alternativ 500 ml Kefir mit Lebendkulturen (Milchsäurebakterien)

Sie benötigen:

Schüssel, großen Topf, evtl. Wärmflasche, Backform (Römertopf oder Eisentopf)

Nährwerte p. P.

267 kcal
48 g Kohlenhydrate
2 g Fett
9 g Eiweiß

1 350 g Roggenmehl mit Salz und dem Kefir glatt rühren. Über Nacht warm stellen, z. B. in einem zugedeckten Gefäß an die Heizung oder in einem größeren Topf mit Wärmflasche.

2 Am nächsten Tag arbeiten Sie das restliche Mehl unter, bis ein relativ fester Teig entsteht. Diesen wieder über Nacht bei ca. 30 °C reifen lassen.

3 Am Backtag formen Sie den Teig, ohne ihn durchzukneten, mit bemehlten Händen rund und legen ihn in die bemehlte Backform. Lassen Sie das Brot noch einmal ca. 1 Std. gehen.

4 Backofen auf 120 °C (Ober-/Unterhitze) vorheizen.

5 Schneiden Sie den Brotlaib der Länge nach flach ein und decken Sie die Backform mit dem Deckel ab.

6 Backen Sie das Brot ca. 1 Std. mit Deckel, nehmen Sie dann für die letzten 20 - 25 Min. den Deckel zum Bräunen ab. Nach dem Backen das Brot auf einem Rost unter einem Tuch auskühlen lassen.

Dieses Brot ist die einfachste Art der Sauerteigbrot-Herstellung. Verwendet man einen bereits gereiften Sauerteig mit lebendigen Milchsäurebakterien, benötigt man keine Hefe. In käuflichen Flüssigsauerteigen befindet sich ein hoher Anteil an Hefen, die z. T. durch Alkohol haltbar gemacht werden und durch Verwendung von chemischen Säurezusätzen das „typische“ Sauerteigaroma ergeben sollen – kein Vergleich mit „echtem“, lebendigem Sauerteig! Der Prozess des echten Sauerteig-„Züchtens“ ist einfach, aber etwas zeitaufwendig am Anfang. Ist das Anstellgut einmal fertig, verwendet man es immer wieder neu und hat so seine eigene Sauerteigkultur, die sich bei guter Pflege über Jahre hält!

Erster Ansatz Sauerteig:
Tag 1: 100 g Roggenvollkornmehl in einer Schüssel mit 100 ml Wasser gut verrühren und bei Zimmertemperatur 24 Std. abgedeckt stehen lassen.

Tag 2 - 4: Jeweils 50 g Roggenvollkornmehl und 50 ml Wasser zum Vorteig rühren, wieder abgedeckt 24 Std. stehen lassen.

Tag 5: 100 g Roggenvollkornmehl und 100 ml Wasser einrühren, über Nacht stehen lassen.

Der Teig sollte nun blasig sein und säuerlich riechen. Ist der Prozess noch nicht so weit gediehen, wiederholen Sie die Prozedur noch einmal mit 50 g Mehl und 50 ml Wasser.

Tag 6: Von dem Sauerteig nehmen Sie eine Menge von 50 g ab und geben diese in einem sauberen Schraubglas in den Kühlschrank (Anstellgut). Den Rest verwenden Sie zum Brotteig.

Das Anstellgut verrühren Sie vor dem nächsten Brotbacken wieder mit 50 g Mehl und 50 ml Wasser, lassen es über Nacht bei Zimmertemperatur stehen und nehmen davon am nächsten Tag wieder 50 g als Anstellgut ab. So „füttern“ Sie Ihren Sauerteig immer wieder mit frischen Bakterien, und er wird mit der Zeit immer aromatischer und triebstärker.

Bei dem oben stehenden Rezept ist das Anstellgut enthalten. Man kann aber auch einen schnelleren, milden Sauerteig mit dem Einsatz von Kefir züchten, der sehr viele Milchsäurebakterien enthält. Authentischer wird das Rezept durch den Einsatz von Dickmilch oder Buttermilch.

FELDBROT V. SIGNORA LEONORA DALILIACEAE

16 Stk.

1 Std., 40 Min. + 2 Tag Ruhezeit

Mittel

Zutaten

400 g Roggenvollkornmehl
400 g Gemüsemehl (aus getrockneten Bohnen, Erbsen, Linsen, Süßlupinen …), alternativ gemahlene Mandeln, Haselnüsse, Walnüsse
2 TL Salz
150 ml Wasser
150 ml Essig
4 EL Honig oder Sirup

Nährwerte p. P.

181 kcal
34 g Kohlenhydrate
0 g Fett
7 g Eiweiß

1 Mischen Sie Mehle und Salz miteinander und drücken Sie in der Mitte eine Vertiefung hinein.

2 Essig, Honig/Sirup und Wasser gut mischen, in die Vertiefung geben und einrühren, dann mit den Händen alles zu einem gut formbaren Teig kneten.

3 Teilen Sie den Teig in ca. 16 Teile und formen aus jedem Stück einen ca. 2 cm dicken Fladen.

4 In einer Eisenpfanne die Fladen von jeder Seite 2 Min. trocken backen, bis sie Farbe bekommen.

Dieses einfache sättigende Brot hat seinen Namen davon, dass es als Proviant bei der Feldarbeit und auch von Soldaten im Feldzug gut mitgenommen werden konnte. Der beigesetzte Essig hält das Brot länger frisch.

WÜRTZIG FLADEN VON STEYNBRODT

6 Stk. | 3 Std. | Mittel

Zutaten

300 g Roggenvollkornmehl
200 g Weizenvollkornmehl
125 g Sauerteig (aus Anstellgut am Vortag angesetzt)
250 ml lauwarmes Wasser
1 EL Salz
1 TL getrockneter Thymian
1 TL Kümmel
1 TL Koriandersamen
1 Zwiebel
1 TL Schmalz oder Butter
Mehl zum Bestreuen
1 TL Schmalz für das Blech

Nährwerte p. P.

334 kcal
59 g Kohlenhydrate
3 g Fett
9 g Eiweiß

1 Mischen Sie die Mehle miteinander und sieben Sie sie in eine Schüssel. In die Mitte eine Vertiefung eindrücken, in die Sie den Sauerteig und ca. 100 ml Wasser geben. Mit etwa ¼ des Mehls zum Vorteig verrühren, abdecken und 30 Min. gehen lassen.

2 In der Zwischenzeit die Zwiebel schälen und fein würfeln, in Schmalz oder Butter leicht anbräunen. Die Gewürze im Mörser fein zerstoßen und mit dem Salz und den Zwiebeln zum Vorteig geben. Das restliche Wasser dazugießen und alles zu einem geschmeidigen Teig kneten. Bei Bedarf geben Sie noch etwas Mehl oder Wasser hinzu. Decken Sie den Teig ab und lassen Sie ihn an einem warmen Ort ca. 2 Std. gehen. Das Volumen soll sich deutlich vergrößern.

3 Nach der Gärzeit kneten Sie den Teig noch einmal kurz durch und teilen ihn in 6 Stücke. Diese zu glatten Kugeln formen (schleifen) und mit den Händen zu flachen, ca. 1 cm dicken Fladen drücken.

4 Heizen Sie den Backofen auf 225 °C (Ober-/Unterhitze) vor. Das Backblech mit etwas Schmalz einfetten und mit Mehl bestäuben. Legen Sie die Fladen auf das Blech, stechen Sie jeden einzelnen mehrfach mit einer Gabel ein und besprühen Sie die Brote mit etwas kaltem Wasser. Backen Sie die Fladenbrote ca. 25 - 30 Min., bis sie beim Beklopfen hohl klingen. Lassen Sie die Brote in einem Korb unter einem Tuch abkühlen.

OFENBROTE MIT KRÄUTERN

8 Stk. | 2 Std. | Mittel

Zutaten

300 g Roggenmehl Type 1150
200 g Weizenvollkornmehl
125 g Sauerteig (aus Anstellgut am Vortag angesetzt)
250 ml Buttermilch, lauwarm
1 EL Salz
1 TL Kümmel, zerstoßen
1 Bund frische Kräuter (Knoblauchrauke, Brennnessel, Giersch, Frühlingszwiebel, Bärlauch, alternativ gemischte Gartenkräuter)
1 mittlere Zwiebel
8 EL Schmand (Sauerrahm)
Mehl zum Bestreuen
1 TL Schmalz für das Blech
1 TL schwarzer Pfeffer, geschrotet

Nährwerte p. P.

295 kcal
51g Kohlenhydrate
5 g Fett
9 g Eiweiß

1 Aus dem Mehl, Salz, Kümmel, dem Sauerteigansatz und der Buttermilch einen geschmeidigen Teig kneten. Bei Bedarf noch etwas Wasser oder Buttermilch unterkneten. Den Teig rund formen und in einer Schüssel abgedeckt 1 Std. gehen lassen. Nach 30 Min. den Teig einmal dehnen und falten (siehe Tipp).

2 In der Zwischenzeit die Zwiebel schälen und in feine Streifen schneiden. Die Kräuter waschen, trocken tupfen und in Streifen schneiden.

3 Nach der Gärzeit nehmen Sie den Teig aus der Schüssel und teilen ihn in 8 Stücke, die Sie ohne zu viel Kneten zu Kugeln formen und unter einem Tuch nochmals 30 Min. gehen lassen. Nach 15 Min. dehnen und falten Sie jedes Stück noch einmal und schleifen es wieder rund (siehe Tipp).

4 Fetten Sie ein Backblech mit etwas Schmalz und bestreuen es mit Mehl. Heizen Sie den Backofen auf 175 °C (Ober-/Unterhitze) vor.

5 Aus den Teigkugeln drücken Sie mit den Händen längliche Fladen, ca. 1,5 cm dick. Bestreichen Sie jeden Fladen mit 1 EL Schmand und verteilen Sie die Zwiebelstreifen darauf. Für 15 - 20 Min. im heißen Backofen backen, bis die Ränder leicht bräunen. Zum Servieren verteilen Sie die gehackten Kräuter auf den Fladen und streuen den Pfeffer nach Geschmack darüber. Noch warm servieren!

Tipp: Dehnen und Falten des Teigs statt Kneten macht die Struktur luftig und stabil. D. h.: Die Fladen behalten besser ihre Form, gehen nicht „wild" auf, wenn durch das mehrmalige Dehnen und Falten die Klebereiweiße im Teig gut ausgearbeitet sind. Die Technik ist einfach: Sie heben das Teigstück mit den Händen von unten in der Mitte hoch, bis der Teig ein wenig herunterhängt. Diese herabhängenden Teile schlagen Sie einfach beim Ablegen unter den restlichen Teig und wiederholen den Vorgang noch einmal, indem Sie das Teigstück um 90 Grad drehen. 3- bis 4-mal falten, danach legen Sie das Teigstück wieder zum Ruhen in die Schüssel. Bei kleineren Stücken ziehen Sie die Teigkugel einfach etwas auseinander, schlagen 2 Seiten ein und wiederholen das Ganze von der anderen Seite. Wichtig ist, die Teigstücke danach nicht zu fest zu rollen und noch einmal etwas ruhen zu lassen, damit sich die Spannung im Teig wieder etwas lösen kann. Schleifen heißt behutsam mit den Händen rund formen, wie beim Knödelrollen, oder einfach auf der Arbeitsfläche liegend immer die äußeren Ränder nach unten unter den Teig ziehen. Dabei bildet sich oben eine glatte, straffe Haut, die das Gebäck schön glatt aussehen lässt.

LEBEKUOCHE (PFEFFERKUCHEN, LEBKUCHEN, CA. 12. JHD.)

30 Port. | 30 Min. + 2 Wochen Lagerzeit | Mittel

Zutaten

500 g Honig
500 g brauner Zucker
200 g Schweineschmalz (oder Butter)
60 g Gewürzmischung aus Zimt, Nelken, Piment, Muskat, Kardamom (alternativ fertiges Lebkuchengewürz)
750 g Roggenmehl Type 1150
250 g Weizenmehl Type 1050
4 Eier Gr. M
2 TL Pottasche
50 ml Branntwein (alternativ Kirschwasser oder Rum)
halbierte, geschälte Mandeln oder Mandelblättchen zum Verzieren

1 Erwärmen Sie Honig und Zucker zusammen bei mäßiger Hitze in einem Topf, bis der Zucker aufgelöst ist. Rühren Sie das Schmalz (Butter) unter und lassen das Fett ebenfalls schmelzen. Zur Seite stellen und etwas abkühlen lassen (auf ca. 40 °C).

2 Mörsern Sie die Gewürze fein und mischen Sie die beiden Mehlsorten. Lösen Sie die Pottasche im Schnaps auf. Geben Sie das Mehl, die Gewürze und die Eier zur Honigmischung und vermengen alles zügig. Die Pottasche zum Schluss einarbeiten. Wichtig ist, zügig zu arbeiten, da der Teig sonst sehr fest wird und schwer zu verarbeiten geht.

3 Kneten Sie den gesamten Teig so lange, bis er glatt ist und glänzt. In einer abgedeckten Schüssel für mindestens 2 - 3 Wochen, gern auch bis zu 8 Wochen, kalt stellen. In dieser Zeit entwickelt sich durch die Pottasche die Triebkraft im Teig, er wird luftig und leichter. Auch die Aromen verbinden sich gut miteinander, deshalb lohnt die lange Lagerzeit unbedingt! Zum Backen den Ofen auf 170 °C (Ober-/Unterhitze) vorheizen.

4 Kleinere Portionen des Teigs abnehmen, auf Mehl ca. 7 mm dick ausrollen und beliebige Formen ausschneiden oder ausstechen.

Nährwerte p. P.

301 kcal
51 g Kohlenhydrate
7 g Fett
3 g Eiweiß

5 Klassisch sind die Lebkuchen in Rechtecke geschnitten und mit Mandelblättchen oder halbierten Mandeln belegt.

6 Die fertigen Stücke mit Abstand auf gefettete und bemehlte Backbleche legen und bis zum Backen kühl stellen.

7 Bei leicht geöffneter Backofentür (Kochlöffel zwischen die Tür klemmen) ca. 20 Min. im unteren Drittel des Backofens backen. Dabei entweicht der Dampf aus dem Teig und verhindert, dass die Oberfläche der Lebkuchen einreißt.

8 Nach dem Backen kurz auf dem Blech abkühlen lassen und dann auf einem Rost vollständig erkalten lassen.

9 Die Lebkuchen sind nun sehr hart; sie werden in einer Blechdose mit leicht geöffnetem Deckel kühl gelagert und entwickeln dabei ihr volles Aroma und werden weich.

Pfefferkuchen oder Lebkuchen waren schon lange vor dem Mittelalter bekannt. Die alten Ägypter bestrichen bereits runde Fladenbrote vor dem Backen mit Honig, gefunden als Grabbeigaben bei archäologischen Ausgrabungen. Der heute bekannte gewürzte Lebkuchen wird regional unterschiedlich benannt, der Name Pfefferkuchen rührt daher, dass alle orientalischen Gewürze lange Zeit als Pfeffer bezeichnet wurden. Das haltbare Gebäck wird bis heute in fast unveränderter Rezeptur hergestellt und war im Mittelalter eine begehrte Leckerei auf Märkten. Gebacken wurde der Lebkuchen vor allem in Klöstern, wo man um die Heilkraft von Kräutern und Gewürzen wusste. Erst nach dem 12. Jahrhundert entwickelte sich der Beruf der „Lebzelter" – Bäckern, die ausschließlich die süßen Kuchen aus Mehl, Honig und Gewürzen herstellen durften.

PFEFFERKÜEHEN (PFEFFERNÜSSE)

100 Stk. | 1 Std., 50 Min. | Mittel

Zutaten

500 g Honig
300 g brauner Zucker
3 Eier Gr. M
15 g Hirschhornsalz
2 EL Rum oder klarer Schnaps
1 TL Nelken, gemahlen
1 TL Zimt, gemahlen
1 TL weißer Pfeffer, gemahlen
1 Msp Muskatnuss, gemahlen
1 Msp Kardamom, gemahlen
1 Msp Ingwer, gemahlen
1 Msp Koriander, gemahlen
1 Msp Piment, gemahlen
alternativ 4 TL fertiges Lebkuchengewürz
n. B. 1 TL feinst geschnittenes Zitronat oder die abgeriebene Schale von 1 Zitrone
500 g Roggenmehl Type 1150
500 g Weizen- oder Dinkelmehl Type 1050
2 TL Schmalz/Butter zum Einfetten der Bleche
2 EL Mehl zum Bestäuben

Nährwerte p. P.

64 kcal
13 g Kohlenhydrate
0 g Fett
1 g Eiweiß

1 Zucker und Honig in einem Topf langsam erwärmen, bis der Zucker aufgelöst ist.

2 Lösen Sie das Hirschhornsalz in dem Rum auf und geben es mit den Eiern und den Gewürzen zum lauwarmen Honig-Zucker-Gemisch.

3 Kneten Sie nach und nach das Mehl und n. B. das Zitronat / die Zitronenschale unter die flüssigen Zutaten, bis ein fester, glatter Teig entsteht. Den Teig abdecken und 30 Min. bei Zimmertemperatur ruhen lassen.

4 Zum Backen den Ofen auf 150 °C (Ober-/Unterhitze) vorheizen, Backbleche leicht fetten und mit Mehl bestäuben.

5 Nehmen Sie vom Teig kleinere Portionen ab und formen daraus ca. 2 cm große Kugeln. Diese mit etwas Abstand aufs Blech setzen und leicht flach drücken.

6 Backen Sie die Pfeffernüsse ca. 15 Min., bis sie leicht gebräunt sind. Auf einem Rost abkühlen lassen und wie Lebkuchen völlig ausgekühlt in einer leicht geöffneten Dose kühl lagern.

Tipp: Nach Belieben können Sie die Pfeffernüsse auch noch mit einem dünnen Zuckerguss glasieren, original sind sie aber ohne Guss.

Herrenspeise

Wo ist der Medicus??? Bringt ihn mir sofort her! Und den Koch gleich dazu!!!" Wütend schallte die Stimme des Markgrafen durch die Räume seines Gemachs. Was hatte ihn so erbost? Selbst seine geduldige Ehefrau Markgräfin Leonor versuchte gar nicht erst, ihren Gemahl zu beruhigen – war er in einer solchen Stimmung schon früh am Morgen, dann schmerzte ihn entweder sein gichtgeplagter großer Zeh, oder der Marschall hatte ihm kurz nach dem Aufwachen eine schlechte Nachricht gebracht. In Windeseile wurden also Medicus und Küchenmeister gesucht und zum Grafen geschickt. Kaum erblickte dieser die beiden, warf er wutentbrannt seinen Zinnteller nach den beiden, die flugs die Köpfe einzogen. „Was soll das für ein Frühmahl sein??", brüllte der zornrote Graf. „Grünes Hasenfutter? Brei für zahnlose Greise? Wasser???" Der Küchenmeister schaute Hilfe suchend zum Medicus, von dem er den Auftrag erhalten hatte, seinem Herrn heute ein solches Frühstück zuzubereiten.

„Euer Gnaden", begann dieser leise, „mäßigt euren Zorn! Die Säfte eures Körpers geraten in noch größeren Aufruhr! Schmerzt nicht seit Tagen Euer Fuß entsetzlich? Habt Ihr nicht das Gefühl, keinen Schritt gehen zu können? Das sind die schädlichen Säfte in Eurem Blut, glaubt mir! Ein paar Tage Enthaltsamkeit vom Wein, bittere Gemüse und Kräuter und ein wenig Brei – das bringt einen starken Herrscher wie Euch nicht um! Wohl aber die vielen Schweinskeulen, Brathühner und …" „Schweig!!!", donnerte der Markgraf. „Ich will nichts mehr davon hören! Bring er mir mein Frühmahl – eine schöne saftige Schweinshaxe, Brot und einen Krug von dem Roten! Und nimm das Hasenfutter mit!"

Anders als die Landbevölkerung aß die städtische und ländliche Oberschicht (Bürger, Landherren, Adelige und der Klerus) 4 - 5 Mahlzeiten am Tag. Dabei wird die erste Mahlzeit als Frühstück bezeichnet, bestand meist jedoch nur aus etwas Wein mit Brot. Das Frühmahl am Vormittag wurde in mehreren Gängen serviert, ebenso das üppige Abendmahl, das in südlichen Ländern bis heute die Hauptmahlzeit darstellt. Am Nachmittag, zur sogenannten Vesper, wurde als Zwischenmahlzeit ebenfalls Gebäck, Brot und Wein gereicht.

Die nachstehenden Kapitel geben einen kleinen Überblick darüber, was auf die Tafeln kam – je angesehener und wohlhabender ein Hausherr war, desto üppiger und vielfältiger wurden Speisenfolgen zelebriert. Vor allem zwischen den Adelshäusern entstand ein regelrechter Wettstreit, welche Küchenmeister die aufwendigsten und kompliziertesten Gerichte zaubern konnten. Ein begnadeter Koch oder Köchin war ein echtes Statussymbol, und viele der damals zubereiteten Rezepte und Zutaten hören sich für uns heute mehr als seltsam an. Der Einsatz von teuren importierten Gewürzen, das Verspeisen von exotischen und ungewöhnlichen Tieren und auch das Herstellen von kunstvollen Backwaren und Konfekt machte dem Hausherren Ehre, der Wohlstand wurde gemessen an der Anzahl der Gänge. Viele Rezepte sind in alten Kochbüchern erhalten geblieben und werden, wenn auch mit moderneren oder leichter erhältlichen Zutaten, noch heute bei Ritterfesten, Mittelalterlagern und -märkten zubereitet und verspeist. Lassen Sie sich von der Welt der mittelalterlichen Küche inspirieren!

Da bei den Hauptmahlzeiten in der Regel alles auf den Tisch kam, was Küche und Keller hergaben, unterscheide ich in den folgenden Kapiteln lediglich die Gerichte nach Art der Zutaten. Die Zusammenstellung der einzelnen Gerichte in einer Mahlzeit sieht nach unseren heutigen Maßstäben fast willkürlich aus, da nicht wie heute in Frühstück, Mittag- und Abendessen unterschieden wurde, sondern von allem etwas aufgetragen wurde. Die Gäste bedienten sich bei jedem Gang nach Lust und Laune und Sättigungsgrad an den Gerichten.

Ich verzichte auch bewusst auf Zubereitungen mit Singvögeln, Schwänen, Bibern und Eichhörnchen – solche Zutaten waren im Mittelalter üblich, spielen heute aber keine Rolle mehr.
Ein Beispiel eines Standard-Menüs aus einem französischen Kochbuch um 1394 (Menagier de Paris):

1. Gang: verschiedene Soßen, gebratenes Fleisch, gedünsteter oder gebratener Fisch, Kalbspasteten, Sülzen

2. Gang: Aalpasteten, verschiedene Würste

3. Gang: Hasenpfeffer und Koteletts, Erbsen, Eingepökeltes, Rind- und anderes Fleisch, gekochter Aal und anderer Fisch

4. Gang: Braten (von Kaninchen, Rebhuhn, Kapaun etc.), Fisch (Hecht, Wolfsbarsch, Karpfen), Suppe

5. Gang: Wildgeflügel mit Soße, Milchreis, Pasteten mit heißer Soße, Aal

6. Gang: Lerchenpastete, Fleischpastete, Milch mit Speck, süßer Pudding

Nachspeise: verschiedene Süßspeisen (Eingemachtes, Pasteten, Kuchen, Waffeln), Dörrobst (Feigen, Datteln, Weintrauben), geschälte Nüsse und gewürzter Wein

Auch in reichen Klöstern wurde nicht gedarbt, wie uns die Speisenfolge eines Fastenmenüs zeigt, das uns von der bischöflichen Burg Finkenstein in Kärnten überliefert ist:

1. Gang: Mandelmus mit Kügelchen aus Weißbrot

2. Gang: frische Fische gesotten

3. Gang: Kraut mit gebratenen Forellen

4. Gang: in Wein gekochte Krebse, zu einem Mus verarbeitet und mit Gewürznelken bestreut

5. Gang: Feigen in Wein gekocht, mit Mandelkernen

6. Gang: gekochter Reis mit Mandelmilch

7. Gang: Forellen in Wein gesotten

8. Gang: Krebse in Wein gekocht

9. Gang: Schmalzgebäck mit Weinbeeren im Teig, mit Staubzucker bestreut

10. Gang: Birnen, Äpfel, Nüsse

Gemüse & Getreide

Küchenmeister Albin trieb seine Helfer in der gräflichen Küche an: „Los, schneller, ihr faules Pack! Die Kisten in den Keller, den Korb mit Gemüse zum Wasserbecken, die Gerstensäcke auf das Trockenregal!" Gerade hatten die Bauern aus dem gutseigenen Dorf eine Wagenladung voll Gemüse gebracht, das alles verarbeitet werden musste. Bei der Hitze verdarb alles so schnell … Auf dem riesigen Tisch in der Mitte der Küche stapelten sich die Waren: Kohlköpfe, Mangold, Möhren, Sellerie, Lauch, Portulak und Brunnenkresse, weiße und rote Rüben, Erbsen, Bohnen, Zwiebeln und Rettiche. Die Küchenmägde waren bereits dabei, Erbsen zu enthülsen und sie auf Trockengestellen auszubreiten. Sellerie, Möhren und Rüben wanderten in den kühlen Erdkeller, und aus Portulak und Kresse würde Albin heute eine frische Kräutersuppe auf den Tisch bringen. Über einer großen Wanne hobelten zwei Mägde bereits die Kohlköpfe in feine Streifen, die, mit Salz vermengt und gut eingestampft in große Tontöpfe, im Keller zu Sauerkraut reifen würden.

BOHNEN IN KÜMMELSOẞE (14. JHD.)

6 Port. | 1 Std. + 48 Std. Einweichzeit | Leicht

Zutaten

250 g getrocknete Bohnenkerne
1 l kaltes Wasser
70 ml Essig
600 ml Bier (Leichtbier oder Malzbier)
6 Safranfäden
2 TL Kümmel
1 TL weißer Pfeffer
2 EL Brotkrumen (von hellem oder Mischbrot)

Nährwerte p. P.

197 kcal
34 g Kohlenhydrate
0 g Fett
10 g Eiweiß

1 Die Bohnenkerne 24 Std. mit kaltem Wasser bedeckt einweichen, dann das Wasser abgießen und frisches kaltes Wasser aufgießen, bis die Bohnen etwa 2 Fingerbreit hoch bedeckt sind, weitere 24 Std. einweichen.

2 Die eingeweichten Bohnen abspülen, mit gut 1 l kaltem Wasser zum Kochen bringen und ca. 1 Std. lang sehr weich kochen.

3 Bier, Essig, Safran, den zerstoßenen Pfeffer und fein gestoßenen Kümmel sowie die Brotkrumen zum Kochen bringen, dann die weichen Bohnen darunterrühren und nochmals aufkochen. Ist das Gericht zu trocken, noch etwas Wasser angießen und heiß servieren.

MUOSZ VN ERBEIZ (ERBSENPÜREE)

8 Port.

1 Std., + 8 Std. Einweichzeit

Leicht

Zutaten

700 g getrocknete gelbe oder grüne Schälerbsen
4 EL Schmalz
4 EL Öl
2 EL Mehl
2 TL Salz
1 TL Pfeffer
1 TL Muskat
½ TL Majoran, getrocknet
3 große Zwiebeln
1 Bund glatte Petersilie

Nährwerte p. P.

403 kcal
37 g Kohlenhydrate
15 g Fett
20 g Eiweiß

1 Begießen Sie die Erbsen mit reichlich kaltem Wasser, bis sie 2 Fingerbreit hoch bedeckt sind. Lassen Sie sie über Nacht einweichen.

2 Setzen Sie die eingeweichten Erbsen mit dem Einweichwasser auf und bringen Sie sie zum Kochen. Bei mittlerer Hitze ca. 30 bis 40 Min. garen, bis die Erbsen schön weich sind. Gießen Sie etwas Kochwasser ab und pürieren Sie die Erbsen, geben Sie so viel Kochwasser dazu, dass ein sämiger, nicht zu flüssiger Brei entsteht.

3 Erhitzen Sie 2 EL Schmalz und 2 EL Öl in einer Pfanne und rösten darin das Mehl hellgelb an. Die Mehlschwitze unter den Erbsenbrei rühren und mit den Gewürzen kräftig abschmecken. Im Topf zugedeckt ziehen lassen.

4 Die Zwiebeln schälen und in Ringe oder Streifen schneiden, im restlichen Schmalz und Öl goldbraun ausbraten. Petersilie fein hacken.

5 Servieren Sie das Erbsenpüree in Schalen, mit Zwiebelringen belegt und mit Petersilie bestreut.

METGEMÜSE (14. JHD.)

6 Port. 1 Std. Leicht

Zutaten

1 Knolle Sellerie
4 mittlere Pastinaken
6 mittlere Möhren
1 dicke Stange Lauch
1 große Zwiebel
200 ml Gemüsebrühe
1 l Met (Honigwein)
1 EL Schmalz oder Öl
Salz, Pfeffer n. B.

Nährwerte p. P.

329 kcal
37 g Kohlenhydrate
3 g Fett
3 g Eiweiß

1 Pastinaken, Möhren und Sellerie schälen und in nicht zu kleine Stücke schneiden. Die Zwiebel schälen und in schmale Streifen schneiden.

2 In einem Topf erhitzen Sie das Fett und geben als Erstes die Zwiebeln hinein. Lassen Sie die Streifen gut anschmoren, würzen dann mit etwas Salz und Pfeffer und löschen mit einem Schuss Met ab. Gießen Sie die Hälfte der Brühe dazu und lassen alles offen köcheln. Die Zwiebeln sollen immer in der Flüssigkeit schwimmen, deshalb gießen Sie bei Bedarf immer wieder Met nach.

3 Die Lauchstange von den harten grünen Blättern befreien, halbieren und gut waschen, dann in fingerbreite Streifen schneiden.

4 Geben Sie nun die Möhren, den Sellerie und die Pastinaken zu den Zwiebeln und gießen alles mit ⅓ des verbliebenen Mets auf. Bedecken Sie den Topf mit einem Deckel, rühren Sie das Gericht regelmäßig um und lassen Sie das Gemüse weich schmoren. Dabei gießen Sie nach und nach den Rest der Brühe und des Mets zu. Nach ca. 15 Min. fügen Sie die Lauchstreifen zu und lassen das Gemüse nun mit offenem Deckel unter Rühren so lange köcheln, bis noch etwa 1 cm Flüssigkeit im Topf steht. Jetzt sollte das Gemüse weich sein, servieren Sie es heiß mit einer Scheibe Brot.

BOHNENMUS

8 Port. | 1 Std. 45 Min. | Leicht

Zutaten

900 g dicke Bohnen (Saubohnen, Puffbohnen)
2 l Wasser
1 Sträußchen Bohnenkraut
2 mittlere Zwiebeln
2 EL Schmalz (alternativ Butter oder Öl)
2 mittlere Äpfel
6 getrocknete Feigen
3 Blätter Salbei, frisch
½ TL Salz

Nährwerte p. P.

354 kcal
44 g Kohlenhydrate
11 g Fett
6 g Eiweiß

1 Die Bohnen in Wasser mit etwas Salz und dem Bohnenkraut weich kochen, abgießen und die Flüssigkeit dabei auffangen. Die etwas abgekühlten Bohnen mithilfe eines Stampfers pürieren, bei Bedarf etwas Kochflüssigkeit zugießen.

2 Die Zwiebeln schälen und in Würfel schneiden, im Schmalz goldgelb anrösten. In der Zwischenzeit die Äpfel und Feigen in kleine Stückchen schneiden und zu den gerösteten Zwiebeln geben. Die in feine Streifen geschnittenen Salbeiblätter untermischen und alles noch einmal kurz anrösten, bis die Mischung etwas Farbe genommen hat.

3 Das Bohnenpüree gut mit der Zwiebel-Apfelmischung vermengen und noch einmal kurz erwärmen.

4 Servieren Sie das Mus zu Braten mit Beerensoße.

EYN BLAW KRAUTSCHEL (ROTKOHLGEMÜSE)

10 Port. | 1 Std., 45 Min. | Leicht

Zutaten

2 große Rotkohlköpfe (ca. 4 kg)
30 ml Essig
8 EL Rohrzucker
1 EL Salz
1 große Zwiebel
100 g Schmalz (alternativ Butter oder Öl)
3 Gewürznelken
5 Lorbeerblätter
1 EL schwarzer Pfeffer, ganz
450 ml Rotwein
250 ml Apfelsaft oder Most
8 mittelgroße Äpfel

Nährwerte p. P.

354 kcal
44 g Kohlenhydrate
11 g Fett
6 g Eiweiß

1 Entfernen Sie vom Rotkohl eventuell welke Blätter, vierteln die Köpfe und schneiden den Strunk heraus. Schneiden Sie den Kohl in feine Streifen und mischen ihn in einer großen Schüssel mit Essig, Salz und Zucker.

2 Binden Sie die Lorbeerblätter, Nelken und Pfefferkörner in ein Leinensäckchen. Die Zwiebel schälen und in Würfel schneiden.

3 In einem großen Topf schmelzen Sie das Fett und lassen die Zwiebelwürfel darin kurz Farbe nehmen. Danach geben Sie den Rotkohl hinzu, rühren alles kurz durch und gießen mit dem Wein und Apfelsaft auf. Geben Sie das Gewürzsäckchen mit in den Topf und lassen Sie das Gemüse bei kleiner Flamme ca. 90 Min. langsam weich dünsten, dabei regelmäßig umrühren.

4 In der Zwischenzeit waschen und putzen Sie die Äpfel, schneiden sie in kleine Würfel und geben diese ca. 15 Min. vor Ende der Kochzeit zum Gemüse.

5 Nach Geschmack mit Salz, Zucker und Essig nachwürzen und servieren.

PASTETCHEN MIT MANGOLD

12 Port. | 1 Std., 45 Min. | Mittel

Zutaten

250 g Weizen- oder Dinkelmehl Type 550 bzw. 630
6 Eier Gr. M
30 g Schmalz
½ TL Salz
1 - 2 EL kaltes Wasser
750 g Mangold (alternativ Blattspinat, Wildkräuter wie Giersch, Bärlauch, Brennnessel)
2 Bund glatte Petersilie
15 g Schmalz
350 g geriebener Käse
Salz, Pfeffer n. B.
50 ml Milch, 1,5 %
1 EL Butter zum Fetten des Blechs

Nährwerte p. P.

240 kcal
18 g Kohlenhydrate
12 g Fett
13 g Eiweiß

1 Mehl und Salz mischen, 2 verquirlte Eier und Schmalz dazugeben und zu einem festen Teig kneten. Nach Bedarf schluckweise etwas Wasser zugeben, bis der Teig fest, aber elastisch und glatt ist. In einer Schüssel 1 Std. kalt stellen.

2 Mangold und Petersilie waschen und in nicht zu kleine Stücke schneiden. In 1 EL Schmalz in einer Pfanne weich dünsten und in einem Sieb erkalten lassen, dabei ein wenig ausdrücken.

3 Rühren Sie nun 3 Eier und den geriebenen Käse unter und würzen die Mischung mit Salz und Pfeffer.

4 Den gekühlten Teig auf einer bemehlten Fläche ca. 3 mm dick ausrollen und mit einem Glas oder Ausstecher 24 Kreise ausstechen. Auf 12 der Kreise je 1 Löffel der Mangoldfüllung setzen. Die Ränder mit Wasser bestreichen und die restlichen Teigkreise auf die Füllung legen. Drücken Sie die Ränder gut zusammen und kerben Sie sie mit einer Gabel rundherum ein. Legen Sie die Pasteten auf das gefettete Backblech und schneiden Sie jede in der Mitte mit einem spitzen Messer kreuzförmig ein, damit beim Backen der Dampf entweichen kann.

5 Heizen Sie den Backofen auf 200 °C (Ober-/Unterhitze) vor.

6 Die Milch und das letzte Ei gut verquirlen und damit die Pasteten bepinseln. Auf der mittleren Leiste ca. 15 Min. backen, bis die Pastetchen goldbraun und glänzend sind.

FROMENTEE, FRUMENTY (ENGLAND, 15. JHD.)

6 Port. 35 Min. Einfach

Zutaten

300 g ganze Weizenkörner oder Bulgur (grober Weizenschrot)
1 l Wasser
100 ml Rinderbrühe
100 ml Mandelmilch
2 Eigelbe Gr. M
2 Fäden Safran
Salz n. B.

Nährwerte p. P.

186 kcal
29 g Kohlenhydrate
3 g Fett
6 g Eiweiß

1 Setzen Sie den Weizen (Bulgur) mit Wasser auf und bringen es zum Kochen. Reduzieren Sie die Hitze und lassen Sie das Getreide ca. 15 Min. kochen. Vom Feuer nehmen und zugedeckt stehen lassen, bis das Wasser vollständig aufgesogen ist. Safranfäden fein zerreiben und in 1 EL Mandelmilch auflösen.

2 Rinderbrühe und die restliche Mandelmilch zum Getreide rühren, wieder aufkochen und ca. 5 Min. köcheln lassen, dabei ständig rühren.

3 Die Eigelbe verquirlen und mit der Safranlösung zum Getreide geben und unter ständigem Rühren langsam erhitzen, ohne zu kochen, bis das Eigelb stockt. Das Gericht vom Feuer nehmen und salzen nach Geschmack. Vor dem Auftragen noch einige Minuten stehen lassen.

Serviert wird das Frumenty zu Wild oder anderem Braten. Auch eine süße Variante ist bekannt, dabei wird das Getreide mit Honig und Sahne in Milch sehr langsam gegart und mit getrockneten Früchten verfeinert. Die Spezialität war durch das gesamte Mittelalter bekannt und wurde von jedem Koch, der auf sich hielt, in verschiedenen Variationen zubereitet.

Suppen

Seit ein paar Tagen war Hildegund Teil der Küchenmannschaft in der markgräflichen Burg. In einigen Tagen sollte ein großes Fest auf der Burg stattfinden: Der Markgraf wollte sich erneut vermählen. Seine erste Frau, Gräfin Leonor, war im vergangenen Jahr an einem Fieber verstorben, und auch wenn der Markgraf sie nach wie vor schmerzlich vermisste, so wollte er doch nicht ohne eine Frau an seiner Seite leben. So hatte er um die Tochter seines Nachbarn Herzog Odo geworben, die zwar nicht mehr jung war, aber doch eine ansehnliche Person und obendrein mit einer reichlichen Mitgift ausgestattet. Da der Graf sich nicht der Knausrigkeit bezichtigen lassen wollte, hatte er Anweisung gegeben, alles aufzutischen, was Küche und Keller hergaben. Sein Küchenmeister Albin trieb seine Untergebenen von früh bis spät an, und da für ein solch großes Fest mehr Hände als sonst benötigt wurden, hatte auch Hildegund eine Stelle als Küchenmagd gefunden.

Ihr Mann Ubbo war im vorigen Jahr bei einer Treibjagd von einem Eber schwer am Bein verletzt worden und konnte nur noch kleine Arbeiten erledigen, sodass die Familie auf die Arbeit von Hildegund dringend angewiesen war. Außerdem fiel in der Küche das eine oder andere Zubrot ab, das sie ihren Kindern mit nach Hause bringen konnte. Heute war sie damit beschäftigt, Fische auszunehmen, die für eine Suppe benötigt wurden. Nur die besten Stücke wurden für die Suppe verwendet, die Reste wanderten in einen Topf mit Brühe, der ständig vor sich hin köchelte. Allein von den Resten hätte sie ihre gesamte Familie eine ganze Woche lang sattbekommen, sinnierte Hildegund beim Schuppen der Fische vor sich hin …

LAUCH-ZWIEBEL-SUPPE

10 Port. 40 Min. Leicht

Zutaten

10 Stangen Lauch
10 mittlere Zwiebeln
3 EL Schmalz (alternativ Butter oder Öl)
5 l Gemüsebrühe
2 TL Dillsamen
Salz, Pfeffer n. B.

Nährwerte p. P.

125 kcal
10 g Kohlenhydrate
5 g Fett
5 g Eiweiß

1 Lauch und Zwiebeln putzen, Wurzelenden abschneiden und in feine Streifen schneiden.

2 Im Topf das Schmalz erhitzen und die Gemüsestreifen darin kurz glasig andünsten. Mit der Brühe ablöschen, Dillsamen, Salz und Pfeffer zugeben und alles zum Kochen bringen. Ca. 20 Min. bei kleiner Flamme köcheln lassen, bis das Gemüse weich ist.

3 Abschmecken, evtl. noch etwas Brühe nachgießen und heiß mit Brot servieren.

WIRTSHAUSSUPPE

10 Port. | 1 Std. 50 Min. | Leicht

Zutaten

1 Suppenhuhn, mit Innereien (alternativ Rind- oder gepökeltes Schweinefleisch, Wild, Knochen)
3 l Wasser
500 ml Bier
3 Stangen Lauch
3 mittlere Möhren
1 Petersilienwurzel
2 große Zwiebeln
1 kleiner Weißkohl
1 Sellerieknolle
10 Pfefferkörner
2 Lorbeerblätter
1 EL Salz

Nährwerte p. P.

478 kcal
11 g Kohlenhydrate
31 g Fett
32 g Eiweiß

1 Das Fleisch und Knochen waschen und mit Wasser, Bier, Salz und Gewürzen in einem großen Topf zum Kochen bringen. Für 1 Std. bei niedriger Hitze köcheln lassen.

2 Das Gemüse waschen, putzen und in nicht zu kleine Würfel schneiden. Nach 1 Std. Kochzeit zum Fleisch geben und weitere 40 Min. köcheln lassen.

3 Das Fleisch von den Knochen lösen und in Stücken in die Portionsteller legen. Gemüse nach Belieben herausschöpfen und zum Fleisch geben, mit Brühe aufgießen und mit Brot servieren.

Dieser einfache Eintopf mag so oder ähnlich in vielen Wirtshäusern auf dem Feuer vor sich hin geköchelt haben. Eintopfgerichte waren gut vorzubereiten, man gab alles hinein, was gerade verfügbar war, und hatte so ein nahrhaftes Gericht für Reisende, die nicht lange auf ein Mahl warten wollten.

FISCHSUPPE (KLOSTER TEGERNSEE, 1535)

8 Port. 30 Min. Mittel

Zutaten

500 g Fischfilet (Zander, Karpfen, Hecht)
500 ml Fischbrühe (auf Vorrat gekocht aus Fischresten, Gräten, Gemüse und Wasser), Fischfond
400 ml Weißwein
1 helles Brötchen (Semmel)
1 einfacher Lebkuchen, ca. 50 g
¼ TL weißer Pfeffer
1 Stück frischer Ingwer, ca. 3 cm
1 TL Safranfäden
1 TL Zucker
Salz n. B.
2 Stängel Dill

Nährwerte p. P.

152 kcal
7 g Kohlenhydrate
3 g Fett
14 g Eiweiß

1 Weichen Sie das etwas zerkleinerte Brötchen und den Lebkuchen in 100 ml Wein ein und streichen Sie die Masse durch ein Sieb (alternativ im Mixer pürieren). Den Ingwer schälen und im Mörser fein zermusen. Zerreiben Sie die Safranfäden mit dem Zucker sehr fein.

2 Den restlichen Wein mit der Fischbrühe aufkochen. Geben Sie die Brötchenmasse in die kochende Flüssigkeit und lassen Sie sie kurz aufwallen, dann durch ein Haarsieb passieren und wieder in den Topf zurückgeben. Erhitzen Sie die Suppe auf mittlerer Flamme und geben nun alle Gewürze hinzu, kräftig abschmecken.

3 Die Fische waschen, abtupfen und in mundgerechte Stücke schneiden. Diese in die Suppe geben und bei kleiner Flamme ca. 10 Min. gar ziehen lassen, nicht mehr kochen.

4 In Schalen mit Dillblättchen bestreut zu weißem Brot servieren.

SUPPE VON BRUNNENKRESSE

8 Port. 30 Min. Leicht

Zutaten

4 große Pastinaken (ca. 600 g)
ml Gemüsebrühe
400 g Brunnenkresse-blättchen
2 TL Butter
150 ml Schlagsahne
2 EL Butter
Salz, Pfeffer n. B.
½ TL Muskatnuss, gerieben

Nährwerte p. P.

162 kcal
14 g Kohlenhydrate
9 g Fett
1 g Eiweiß

1 Schälen und waschen Sie die Pastinaken und schneiden sie in kleine Würfel. Zusammen mit der Gemüsebrühe zum Kochen bringen und in 20 Min. weich garen.

2 Die Brunnenkresseblättchen abspülen, abtropfen lassen und in 2 TL Butter kurz andünsten, dann in die Suppe geben. Fügen Sie die Sahne und die Butter zu und pürieren Sie die Suppe mit dem Mixstab (alternativ durch ein Sieb passieren). Mit den Gewürzen gut abschmecken und in Schalen servieren.

ZANZARELLI (ITALIENISCHE MITTELALTERLICHE SUPPE)

8 Port. | 30 Min. + 3 Std. Vortag | Mittel

Zutaten

1 Suppenhuhn
1 Bund Suppengrün
2 mittlere Zwiebeln
6 Gewürznelken
2 Lorbeerblätter
10 Pfefferkörner
1 EL Salz
3 l Wasser
8 Eier Gr. M
80 g geriebenes Weißbrot (oder Semmelbrösel)
200 g frisch geriebener Parmesan oder anderer Hartkäse
6 Safranfäden
3 EL Gewürzmischung aus Zimt, Ingwer, Pfeffer und Muskatnuss, fein gemahlen

Nährwerte p. P.

199 kcal
8 g Kohlenhydrate
11 g Fett
14 g Eiweiß

1 Am Vortag die Hühnerbrühe herstellen: Dazu das Huhn waschen und mit dem grob geschnittenen Suppengrün, den halbierten Zwiebeln, den Gewürzen, Salz und 3 l Wasser zum Kochen bringen. Bei mittlerer Hitze lassen Sie die Brühe für ca. 2 Std. köcheln. Über Nacht abkühlen lassen und am nächsten Tag durch ein Sieb abgießen. Das Fleisch können Sie anderweitig verwenden.

2 Käse, geriebenes Weißbrot und die verquirlten Eier in einer Schüssel sehr gut vermischen.

3 Bringen Sie die Brühe wieder zum Kochen und geben Sie die Safranfäden dazu. So lange ziehen lassen, bis die Brühe schön goldgelb geworden ist. Erneut aufkochen und die Käse-Brot-Masse auf einmal in die Brühe geben, dabei mit einem Schneebesen kräftig schlagen.

4 Lassen Sie die Suppe 2- bis 3-mal aufkochen, bis die Eier ausflocken und sich die Masse oben an der Suppe absetzt.

5 Schmecken Sie die Suppe kräftig mit Pfeffer und evtl. Salz ab und schöpfen Sie sie in Schalen. Bestreuen Sie jede Portion großzügig mit der Gewürzmischung und servieren Sie die Suppe schön heiß.

Tipp: Nach Belieben können Sie auch einen Teil des Fleisches, ganz klein geschnitten, mit in die Suppe geben.

PILZ-LAUCH-SUPPE (ENGLAND, 14. JHD.)

4 Port. 20 Min. Leicht

Zutaten

500 g frische Pilze
2 Stangen Lauch
500 ml Rinderbrühe
8 Fäden Safran
½ TL Gewürzmischung aus Zimt, Muskat, Pfeffer, Nelken, Ingwer, fein gemahlen
½ TL Salz

Nährwerte p. P.

71 kcal
3 g Kohlenhydrate
1 g Fett
5 g Eiweiß

1 Schneiden Sie die Lauchstangen der Länge nach auf, waschen Sie sie gründlich und schneiden Sie sie in schmale Streifchen. Die Pilze nur trocken abreiben und würfeln.

2 Kochen Sie die Brühe mit Safran auf und geben das Gemüse sowie die Gewürzmischung hinzu. Bei kleiner Hitze für ca. 5 Min. köcheln lassen, mit Salz abschmecken und heiß servieren.

BRUETTE SAAKE (HÜHNERSUPPE MIT DATTELN, 15. JHD.)

6 Port. | 1 Std., 20 Min. | Leicht

Zutaten

1 Suppenhuhn (alternativ 2 ganze Hühnerbrüste mit Haut und Knochen)
500 ml Hühnerbrühe
500 ml Weißwein
1 Bund glatte Petersilie, gehackt
½ TL gemahlene Nelken
1 TL gemahlene Muskatblüte
1 TL Zimt
1 TL gemahlener Ysop (alternativ Minze)
1 daumenlanges Stück frischer Ingwer
3 Safranfäden
10 getrocknete Datteln, ohne Kern
1 EL Korinthen
Salz n. B.

Nährwerte p. P.

534 kcal
9 g Kohlenhydrate
34 g Fett
32 g Eiweiß

1 Das Huhn gründlich abspülen und mit Brühe, Wein, den Gewürzen, Trockenfrüchten und Safran aufsetzen. Zum Kochen bringen und bei niedriger Hitze 45 Min. köcheln lassen. Nach der Hälfte der Kochzeit den klein geschnittenen Ingwer zufügen.

2 Nehmen Sie das Huhn heraus und lösen Sie das Fleisch von den Knochen, entfernen Sie dabei die Haut. Knochen und Haut können Sie anderweitig für den Ansatz einer Brühe weiterverwenden. Das Fleisch in mundgerechte Stückchen schneiden und wieder zurück in die Brühe geben, noch ca. 15 Min. leise köcheln lassen, bis das Fleisch zart und weich ist. Mit Zimt und evtl. wenig Salz abschmecken.

Soßen

Soßen als würzende Beilagen zu Fleisch, Pasteten, Gemüse oder auch süßen Speisen waren äußerst beliebt. Als „Tunke" zum Auftunken mit Brot oder kompliziert mit mehreren Arbeitsgängen hergestellt, gab es für die Herstellung in herrschaftlichen Küchen spezielle Soßenköche, die ihrerseits eine feste Position innerhalb der Küchenhierarchie einnahmen.

AGRAZ, AGREST (VERJUS, WÜRZSOSSE AUS GRÜNEN TRAUBEN)

10 Port. | 40 Min. | Leicht

Zutaten

200 g unreife grüne Weintrauben
4 saure Äpfel
500 ml saurer Apfelwein
1 TL weißer Pfeffer, zerstoßen

Nährwerte p. P.

135 kcal
23 g Kohlenhydrate
0 g Fett
1 g Eiweiß

1 Die Äpfel entkernen und in feine Streifchen schneiden. Die Weintrauben waschen.

2 Apfelstücke und Trauben im Mörser zerstoßen (oder im Mixer pürieren). Das Püree mit Wein und Pfeffer verrühren, einmal kräftig aufkochen und anschließend durch ein feines Sieb streichen, abkühlen lassen.

„Nim wintru:bele vnd stoz sur ephele. Diz tu:o zv:o sammene, menge ez mit wine vnd dru:eckez vz. dise salse ist gu:ot zv:o scheffinen braten vnd zv:o hu:enren vnd zv:o vischen vnd heizet agraz."

Tipp: Agraz oder Agrest wurde als Würzsoße zu Lamm, Wild, Geflügel und Fisch gereicht, ihre milde Säure passt sehr gut zum Fleisch.

WÜRTZIG SALSE VN SENFFT (SENFSOẞE)

10 Port. 15 Min. Leicht

Zutaten

100 g Butter
80 g feines Weizen- oder Dinkelmehl (Type 550 bzw. 630)
1 l Fischkochbrühe
2 EL Weißweinessig
4 EL scharfer Senf (z. B. Dijonsenf)
4 EL Schlagsahne
1 TL Salz
1 TL weißer Pfeffer, zerstoßen

Nährwerte p. P.

124 kcal
6 g Kohlenhydrate
10 g Fett
1 g Eiweiß

1 In einem Topf die Butter erhitzen, bis sie aufschäumt. Das Mehl darübersieben und unter Rühren goldgelb anrösten.

2 Unter ständigem Schlagen die Fischbrühe langsam angießen und aufkochen lassen. So lange köcheln lassen, bis die Soße cremig ist.

3 Den Essig mit Sahne und Senf verrühren und in die Soße einrühren. Mit einem Schneebesen kräftig schlagen und aufkochen lassen, weitere 10 Min. kochen und mit Salz und Pfeffer würzig abschmecken.

Tipp: Diese Soße wird zu gedünstetem oder gebratenem Fisch gereicht, passt aber auch zu gekochten Eiern.

SALSA ZU VISCHEN (SOßE ZU FISCHEN, GRAZ, 15. JHD.)

8 Port. | 10 Min. + 1 Std. Ruhezeit | Leicht

Zutaten

200 ml Weißwein
2 EL Rotweinessig
200 g Walnusskerne
1 Bund frischer Salbei (oder 3 TL getrockneter Salbei)
Salz, Pfeffer n. B.
½ TL Zucker

Nährwerte p. P.

187 kcal
2 g Kohlenhydrate
15 g Fett
4 g Eiweiß

1 Die frischen Salbeiblätter abzupfen, abspülen und gut abtrocknen. Mit den Walnusskernen fein hacken.

2 Essig und Weißwein mischen, die Nüsse und Salbei unterrühren, mit Zucker, Salz und Pfeffer kräftig abschmecken.

3 Lassen Sie die Soße vor dem Servieren mindestens 1 Std. ziehen. Die würzige Soße wird zu gesottenem oder gebratenem Fisch serviert.

SOßE ZU WEIßEN HÜHNERN (DEUTSCHLAND, 15. JHD.)

8 Port. | 15 Min. | Leicht

Zutaten

250 g Rosinen
500 ml fruchtiger Rotwein
1 TL Pfefferkörner, schwarz
½ TL Salz

Nährwerte p. P.

143 kcal
22 g Kohlenhydrate
0 g Fett
1 g Eiweiß

Rosinen und Wein kurz aufkochen, mit dem Mixstab pürieren oder durch ein gröberes Haarsieb passieren. Wieder erhitzen und bei mittlerer Hitze etwas einreduzieren. Den Pfeffer im Mörser fein zerstoßen und mit Salz zur Soße geben.

Tipp: Die Soße wird warm oder kalt serviert, passt gut zu Fleischpasteten und Geflügel.

SOẞE ZU ROTEN HÜHNERN (DEUTSCHLAND, 15. JHD.)

8 Port. | 15 Min. | Leicht

Zutaten

2 Bund glatte Petersilie
1 Bund Schnittlauch
1 Bund Dill
2 TL frischer Kerbel
1 Zweig Thymian
2 Blätter Sauerampfer
3 Schalotten
100 ml Weißweinessig
100 ml Weißwein
2 frische Eigelbe Gr. M
Salz, Pfeffer
1 TL Zucker

Nährwerte p. P.

49 kcal
4 g Kohlenhydrate
1 g Fett
1 g Eiweiß

1 Alle Kräuter waschen, abtrocknen und fein hacken. Schalotten abziehen und ebenfalls sehr fein hacken.

2 Essig, Weißwein und die Eigelbe zu einer gleichmäßigen Soße verschlagen und mit Salz, Pfeffer und Zucker würzig abschmecken. Die gehackten Kräuter untermischen und die Soße kühl servieren.

Tipp: Statt rohem Eigelb kann auch gekochtes, durch ein feines Sieb passiertes verwendet werden.

SCHWALLENBERGS SOSSE (DEUTSCHLAND, 14. JHD.)

6 Port. | 25 Min. | Leicht

Zutaten

1 l Rotwein
6 EL Honig
½ Milchbrötchen (Semmel)
2 Zehen Knoblauch
7 cm frischer Ingwer
1 TL schwarze Pfefferkörner

Nährwerte p. P.

201 kcal
23 g Kohlenhydrate
0 g Fett
1 g Eiweiß

1 Ingwerwurzel schälen und in sehr kleine Würfelchen schneiden. Pfefferkörner im Mörser grob zerstoßen, dann die Knoblauchzehe und den Ingwer dazugeben und alles gut zerkleinern. Das Brötchen in Scheiben schneiden.

2 In einem Topf den Wein mit Honig erhitzen und die weiteren Zutaten einrühren. Alles zum Kochen bringen und um ca. ¼ reduzieren. Passieren Sie die Soße durch ein feines Haarsieb und servieren Sie sie zu Braten oder Fleischpasteten.

Fleisch & Fisch

Die mittelalterliche obere Gesellschaftsschicht verspeiste so viel Fleisch, dass es z. B. in England Bestrebungen gab, die Fleischgänge zu beschränken, je nach Zugehörigkeit zum gesellschaftlichen Stand (s. König Edward II.). Die folgende Liste zeigt exemplarisch die riesige Menge an Fleisch und anderen Vorräten, die z. B. für das Krönungsfest des Erzbischofs George Neville 1467 geordert wurde…

Für die Kochbrigade des Hofes eine Mammutaufgabe!

300 Tuns Ale (1 Tun = 981 Liter)
100 Tuns Wein
1 halbe Tun Hypocras
104 Ochsen
6 Stiere
1.000 Schafböcke
304 Kälber
2.304 Schweine und Ferkel
400 Schwäne
2.000 Gänse
1.000 Masthähne
2.000 Hühner
400 Regenpfeifer (Vögel)
300 Dutzend Wachteln und andere Singvögel
104 Pfauen
4.000 Enten
204 Kraniche
204 Zicklein
8.000 Tauben und andere Vögel
408 Reiher und andere Großvögel
200 Fasane
500 Rebhühner
400 Waldschnepfen
500 Hirsche, Rehe und Rehkitze
4.000 Wildpasteten, kalt
4.000 Gerichte mit Sülze
4.000 Tartes, kalt
3.000 Puddings (englische Art, gebacken), kalt
1.500 Wildpasteten, heiß
2.000 Puddings, heiß
608 Meerbrassen und andere Fische
12 Schweinswale und Robben
„Viel" Konfekt, Bonbons, Confiserie und Waffeln

EIN ESSEN VON PASTETTEN VISCHEN (FISCHPASTETE, 15. JHD.)

6 Port. | 2 Std. | Mittel

Zutaten

250 g feines Mehl (Dinkel oder Weizen)
1 TL Salz
100 g Schmalz oder Butter
100 ml kaltes Wasser

1 Ei Gr. M

500 g Fischfilet (z. B. Forelle, Karpfen)
1 EL Schmalz oder Butter
1 teelöffelgroßes Stück frischer Ingwer
1 Bund glatte Petersilie
5 Salbeiblätter
100 ml Weißwein
3 Safranfäden
1 Pr Zucker
1 EL feines Mehl
Salz, Pfeffer n. B.
1 TL Schmalz für die Form

Nährwerte p. P.

451 kcal
32 g Kohlenhydrate
24 g Fett
21 g Eiweiß

1 Für den Teig mischen Sie Mehl und Salz miteinander. Wasser, Schmalz oder Butter in einem kleinen Tiegel erhitzen, abkühlen lassen und dann zum Mehl geben. Kneten Sie einen festen Teig daraus und stellen Sie ihn mindestens 1 Std. kühl.

2 In der Zwischenzeit bereiten Sie die Fischfüllung zu: Dazu schneiden Sie den Fisch in kleine Würfel, hacken die Petersilie und den Salbei fein und zerreiben den geschälten Ingwer im Mörser zu einem Mus.

3 Erhitzen Sie 1 EL Schmalz oder Butter in einer Pfanne und dünsten Sie darin den Ingwer kurz an. Nun die Fischwürfel und die gehackten Kräuter dazugeben und etwas andünsten lassen, mit dem Weißwein ablöschen und für 10 Min. leise köcheln lassen. Zerreiben Sie die Safranfäden mit einer Prise Zucker und fügen Mehl und Safran zu der Fischmasse. Gut unterrühren und mit Salz und Pfeffer abschmecken, auskühlen lassen.

4 Fetten Sie eine runde Pasteten- oder Springform (ca. 18 cm Durchmesser) mit 1 TL Schmalz, heizen Sie den Backofen auf 200 °C (Ober-/Unterhitze) vor.

5 Nehmen Sie vom Teig ⅓ ab. Die restlichen ⅔ ca. 3 mm dick ausrollen und die Form damit auskleiden. Den Rand ca. 6 bis 7 cm hoch formen bzw. über den Rand der Form hängen lassen. Geben Sie die Füllung in die Form und streichen Sie sie schön glatt. Das restliche Teigdrittel rund in Größe der Form ausrollen.

6 Verquirlen Sie das Ei mit etwas Wasser und bepinseln Sie damit den Teigrand der Pastete. Legen Sie den Deckel auf und drücken den Rand ein wenig an, überstehende Ränder mit einem Messer abschneiden. Teigreste können Sie zum Verzieren der Oberfläche verwenden. Bepinseln Sie die gesamte Oberfläche gut mit Ei und schneiden Sie mit einem Messer mehrere Schlitze in den Teigdeckel.

7 Backen Sie die Pastete ca. 35 Min., bis die Oberfläche schön gebräunt ist.

Diese Art, Pasteten zu backen, kannte man im Mittelalter in vielerlei Varianten: Füllung mit Fleisch statt Fisch, Nüsse und Obst für eine süße Variation, mit Blattgemüse und Käse. Pasteten wurden oft als mittelalterliches „Streetfood" auf Märkten angeboten, aber auch auf hochherrschaftlichen Tafeln durften sie nicht fehlen.

KALBSLEBERPASTETE (DEUTSCHLAND, 15. JHD.)

6 Port. | 2 Std., 30 Min. | Mittel

Zutaten

500 g Kalbsleber
1 EL Schmalz oder Öl
100 g geräucherter fetter Speck, fein gewürfelt
150 g geräucherter fetter Speck, in Scheiben
50 g Rosinen
3 EL Honig
2 Eier Gr. M
1 helles Brötchen oder 2 Scheiben Weißbrot
1 Bund glatte Petersilie, fein gehackt
1 fingerlanges Stück frischer Ingwer
½ TL getrockneter Thymian
1 Msp Muskatnuss
½ TL Salz
½ TL Pfeffer

Nährwerte p. P.

302 kcal
22 g Kohlenhydrate
11 g Fett
27 g Eiweiß

1 Schneiden Sie von der Leber sichtbare Sehnen und Häute weg, waschen und trocknen Sie das Fleisch.

2 Ingwer schälen und sehr fein würfeln, das Brötchen fein zerpflücken.

3 Erhitzen Sie in einer Pfanne 1 EL Schmalz und braten darin die Leber von beiden Seiten je 5 Min. an. Herausnehmen und in Würfel schneiden, anschließend pürieren Sie die Leber im Mixer zu einem feinen Püree.

4 Geben Sie die klein geschnittenen Speckwürfel in die Pfanne und lassen Sie sie aus, das Fett abgießen und die Speckwürfel beiseitestellen.

5 Das zerpflückte Brötchen, 2 EL Honig, die Rosinen, verquirlte Eier, Petersilie und die Gewürze zur Lebermasse geben, zum Schluss die ausgelassenen Speckwürfel unterarbeiten.

6 Das ausgelassene Speckfett mit dem restlichen Honig verrühren.

7 Legen Sie nun eine passende Terrine (Pastetenform) mit den Speckscheiben aus und füllen die Lebermasse hinein. Bepinseln Sie die glatt gestrichene Farce mit der Honig-Fett-Mischung und bedecken Sie die Pastete mit den restlichen Speckscheiben.

8 Stellen Sie die Form auf ein tiefes Backblech mit Wasser und lassen Sie die Pastete 2 Std. bei 170 °C (Ober-/Unterhitze) garen. Wird sie zu dunkel, decken Sie sie mit einem Terrinendeckel oder etwas Backpapier ab.

9 Servieren Sie die Pastete völlig erkaltet in Scheiben geschnitten.

MITTELALTERLICHER KALBSBRATEN MIT ROSENKOHL

6 Port. | 1 Std., 45 Min. | Mittel

Zutaten

1 kg Kalbsbraten mit Knochen (z. B. Keule, Rücken)
100 g Butter
1 kg rote Zwiebeln
800 g süße Äpfel
10 Wacholderbeeren
4 Lorbeerblätter
2 TL Salz
4 TL schwarzer Pfeffer, gemahlen
500 ml Rotwein
1 kg Rosenkohl
1 EL Schmalz
Salz, Pfeffer

Nährwerte p. P.

665 kcal
34 g Kohlenhydrate
31 g Fett
43 g Eiweiß

1 Schälen und würfeln Sie die Zwiebeln. Heizen Sie den Backofen auf 220 °C (Ober-/Unterhitze) vor.

2 In einer Pfanne erhitzen Sie die Butter und braten darin das Fleisch von allen Seiten kräftig an, dann herausnehmen und in einen Bräter legen. Geben Sie die Zwiebelwürfel in die Pfanne und braten diese ebenfalls hellbraun an, zur Seite stellen.

3 Stellen Sie den Bräter mit dem Fleisch in den Backofen und lassen Sie alles für 30 Min. offen braten. Dann wenden Sie das Fleisch, reduzieren die Hitze auf 175 °C und garen es weitere 60 Min.

4 In der Zwischenzeit schälen und würfeln Sie die Äpfel und geben diese zu den Zwiebeln. Braten Sie die Mischung in der Pfanne bei hoher Hitze an und löschen Sie mit dem Rotwein ab. Geben Sie alle Gewürze hinein und lassen Sie die Soße stark aufkochen, dann reduzieren Sie die Hitze und kochen die Soße um ca. ¼ ein, dabei immer wieder umrühren. Mit dieser Soße begießen Sie den Braten in regelmäßigen Abständen während der restlichen Bratzeit.

5 Den Rosenkohl putzen und am Strunk kreuzförmig einschneiden. In einem Topf das Schmalz zerlassen und den Rosenkohl darin einige Minuten anbraten, bis er leicht Farbe nimmt. Mit einem Glas Wasser ablöschen und mit Salz und Pfeffer würzen. Bei niedriger Hitze köcheln lassen, bis der Kohl gar, aber noch bissfest ist.

6 Am Ende der Garzeit des Bratens nehmen Sie das Fleisch aus dem Bräter und schneiden es in Scheiben auf. Schmecken Sie die Soße herzhaft ab und servieren das Fleisch mit etwas Soße übergossen und mit Rosenkohl umlegt.

WILDSCHWEINKEULE MIT DÖRROBST

8 Port. | 2 Std., 30 Min. | Mittel

Zutaten

1 Wildschweinkeule vom Frischling, entbeint, ca. 1,5 kg
3 EL Schmalz
3 große Zwiebeln
100 g Räucherspeck
1 Zweig Rosmarin
2 Lorbeerblätter
1 TL Kümmel
12 Wacholderbeeren
1 TL Piment
½ TL Muskat
250 ml Rotwein
500 ml Wildfond (alternativ Fleischbrühe)
125 g getrocknete Birnen
30 g getrocknete Sauerkirschen oder Pflaumen
100 g getrocknete Feigen
1 EL Butter
1 EL Mehl
Salz, Pfeffer, Zucker n. B.

Küchengarn zum Binden des Bratens

Nährwerte p. P.

765 kcal
60 g Kohlenhydrate
34 g Fett
44 g Eiweiß

1 Binden Sie das ausgelöste Fleisch mit Küchengarn fest zusammen und salzen Sie es. Schälen Sie die Zwiebeln und würfeln Sie sie grob, den Speck schneiden Sie in feine Streifen. Heizen Sie den Backofen auf 230 °C (Ober-/Unterhitze) vor.

2 Erhitzen Sie in einem Bräter das Schmalz und braten Sie darin das Fleisch kräftig von allen Seiten an. Nehmen Sie es heraus und rösten Sie im Bratfett die Zwiebeln mit dem Speck und den Gewürzen an. Gießen Sie jetzt den Rotwein und den Wildfond (Brühe) an und kochen Sie den Bratensatz etwas los, anschließend legen Sie das Fleisch in den Bräter zurück. Setzen Sie einen Deckel auf die Form und lassen den Braten für 1 ½ Std. im Backofen garen. Nun entfernen Sie den Deckel und lassen das Fleisch weiter offen braten. Nach 20 Min. geben Sie die Trockenfrüchte mit in den Bräter und lassen das Gericht weitere 30 Min. schmoren.

3 Verkneten Sie die Butter mit dem Mehl. Am Ende der Garzeit nehmen Sie das Fleisch aus dem Bräter und stellen es im Ofen warm. Die Soße gießen Sie durch ein Sieb ab, entnehmen Sie dabei das Obst und stellen es beiseite. Die Soße kurz im Bräter aufkochen und mit der kalten Mehlbutter binden, leicht köcheln lassen. Bei Bedarf noch etwas Brühe, Wein oder Wasser zugießen. Nach 5 Min. das Obst wieder zur Soße geben und kräftig abschmecken. Den Braten vom Küchengarn befreien und in Scheiben schneiden. Servieren Sie das Fleisch mit Soße übergossen und mit etwas Obst angerichtet.

HUHN MIT DATTELN UND BACKPFLAUMEN

6 Port. | 1 Std., 45 Min. | Mittel

Zutaten

1 Brathuhn, ca. 1,5 kg
1 Stange Lauch
2 mittlere Möhren
1 große Zwiebel
2 - 3 Gewürznelken
2 Zweige Thymian
1 Lorbeerblatt
1 Bund glatte Petersilie
Salz, Pfeffer n. B.
150 g durchwachsener, geräucherter Speck
2 große Zwiebeln
1 TL Zucker
2 Safranfäden
10 Backpflaumen ohne Stein
50 g Rosinen
10 getrocknete Datteln ohne Kern
75 g abgezogene Mandeln, in Stifte geschnitten

Außerdem für die Gewürzmischung „Poudre fine“:

125 g Zimt
35 g gemahlener Ingwer
5 g Gewürznelken
5 g Kardamom
125 g Kandis- oder brauner Zucker

1 Waschen und putzen Sie das Suppengemüse und schneiden es in Scheiben. Geben Sie es zusammen mit dem Huhn, den Gewürznelken, Thymian, Lorbeer und Petersilie in einen Suppentopf und bedecken es mit Wasser.

2 Kräftig salzen und pfeffern und zum Kochen bringen. Lassen Sie das Fleisch ca. 1 Std. kochen, bis es gar ist, aber noch nicht zerfällt.

3 Nehmen Sie es dann aus der Brühe, lassen es etwas abkühlen und entfernen Sie die Haut. Das Fleisch in kleine Stücke schneiden und beiseitestellen.

4 Weichen Sie die Rosinen in etwas warmem Wasser ein und rösten Sie die Mandelstifte trocken in einer Pfanne hellbraun an.

5 Schneiden Sie den Speck in kleine Würfel, die Zwiebeln in Scheiben. In einem Bräter braten Sie die Speckwürfel glasig an und geben die Zwiebelscheiben dazu.

6 Unter Rühren braten, bis die Zwiebeln goldgelb sind, und sofort mit einer Schaumkelle herausnehmen.

7 Im Bratfett das klein geschnittene Hühnerfleisch goldbraun anbraten, salzen und pfeffern und die Zwiebeln mit dem Speck wieder dazugeben. ½ TL der Gewürzmischung „Poudre fine“, Safran und Zucker unterrühren.

Alle Gewürze im Mörser sehr fein zermahlen und die Mischung in einem Schraubglas aufbewahren.

Nährwerte p. P.

774 kcal
25 g Kohlenhydrate
38 g Fett
78 g Eiweiß

8 Die abgetropften Rosinen, Datteln und Backpflaumen mit dem Fleisch mischen und ca. 10 Min. erwärmen. Auf einer Platte anrichten und mit den gerösteten Mandelstiften bestreuen

BROUET HOUSSIÉ (PETERSILIENHUHN)

6 Port. 1 Std. Mittel

Zutaten

1 Brathuhn, ca. 1,5 kg, mit Leber
1 EL Butter
4 Scheiben durchwachsener Speck
2 mittlere Zwiebeln
200 ml Weißwein
1 Scheibe Weißbrot
Salz, Pfeffer n. B.
1 EL Zitronensaft
½ TL Zimt
2 Gewürznelken
5 Kardamomsamen
½ TL gemahlener Ingwer
1 Bund glatte Petersilie

Nährwerte p. P.

657 kcal
10 g Kohlenhydrate
29 g Fett
81 g Eiweiß

1 Teilen Sie das Hähnchen in große Stücke, waschen Sie es und tupfen es gründlich trocken. Schneiden Sie die Zwiebeln in Scheiben und rösten Sie das Weißbrot trocken in einer Pfanne goldbraun an.

2 Erhitzen Sie in einem Bratentopf die Butter und braten darin die Speckscheiben an, bis das Speckfett ausgelassen ist. Fügen Sie die Zwiebelringe und die Fleischstücke hinzu und braten sie hellbraun an, löschen das Ganze mit dem Wein und etwas Wasser ab. Die ganzen Nelken und Kardamomsamen mit in den Topf geben, salzen und pfeffern und das Gericht offen bei niedriger Hitze ca. 30 Min. schmoren lassen.

3 Geben Sie das geröstete Weißbrot, die Hähnchenleber und den Zitronensaft in einen Mixer und pürieren Sie das Ganze zu einer fein sämigen Masse. Fügen Sie Zimt und Ingwerpulver zu und verdünnen Sie die Masse eventuell mit etwas Zitronensaft oder Wein. Diese Masse geben Sie zum Huhn in den Bratentopf und verrühren alles vollständig mit dem Bratensaft, erhitzen noch einmal für 1 - 2 Min. und richten dann das Huhn auf einer Platte an. Die Petersilie nicht zu fein hacken und als dicke Schicht vor dem Auftragen über das Fleisch geben.

HUHN IN MANDEL-ZIMT-SOẞE

6 Port. 30 Min. Leicht

Zutaten

120 g blanchierte Mandeln, gemahlen
1 ½ TL Zimt
½ TL Ingwer, frisch, gerieben
½ TL Nelken, gemahlen
3 Kardamomsamen
400 ml Hühnerbrühe
Salz, Pfeffer n. B.
900 g Hähnchenbrustfleisch
2 EL Weizenmehl
1 ½ EL Schmalz

Nährwerte p. P.

403 kcal
6 g Kohlenhydrate
23 g Fett
38 g Eiweiß

1 Zerstoßen Sie die Kardamomsamen im Mörser fein. Setzen Sie die Brühe mit den Mandeln und den Gewürzen in einem Topf auf und bringen das Ganze zum Kochen. Bei geringer Hitzezufuhr unter ständigem Rühren köcheln lassen, bis die Soße eindickt. Gerät sie zu dick, verdünnen Sie mit etwas Brühe.

2 Schneiden Sie das Hühnerfleisch in mundgerechte Würfel, salzen und pfeffern diese und wenden sie im Mehl.

3 Erhitzen Sie das Schmalz in einer Pfanne und braten Sie darin die Hähnchenwürfel knusprig braun. Auf einer Platte mit der Soße übergossen anrichten.

ROTES HUHN (15. JHD.)

10 Port. | 1 Std., 30 Min. | Mittel

Zutaten

2 große Brathähnchen (Poularden), je ca. 1,5 kg
2 EL Salz
2 TL weißer Pfeffer
1 Bund glatte Petersilie
150 g Schmalz (alternativ Öl)

1 Zitrone
8 Eiweiße Gr. M
4 Eigelbe Gr. M
2 EL Mehl Type 550
1 TL gemahlener Ingwer
12 Fäden Safran

Nährwerte p. P.

790 kcal
1 g Kohlenhydrate
47 g Fett
88 g Eiweiß

1 Die Hähnchen abspülen, gut rundum trocken tupfen. Außen und innen salzen, die gewaschenen Petersilienstängel ins Innere der Hähnchen legen und mit etwas Küchengarn die Flügel und Beine an den Körper binden (dressieren). Die Außenseite mit Pfeffer einreiben und die Hähnchen in einen großen Bräter legen.

2 Heizen Sie den Backofen auf 225 °C (Ober-/Unterhitze) vor und lassen Sie das Schmalz schmelzen. Die Zitrone auspressen, Safran fein im Mörser zerreiben.

3 Übergießen Sie die Hähnchen mit dem flüssigen Fett und lassen Sie sie im offenen Bräter ca. 45 Min. braten. Übergießen Sie dabei das Geflügel ab und zu mit dem Bratfett. Nach der Garzeit heben Sie die Hähnchen aus dem Bräter und legen sie in eine gefettete Auflaufform. Beträufeln Sie sie mit dem Zitronensaft und reduzieren Sie die Hitze des Backofens auf 175 °C (Ober-/Unterhitze).

4 Aus den Eiweißen schlagen Sie einen steifen Eischnee und würzen diesen kräftig mit Salz, Pfeffer, Ingwer und dem zerriebenen Safran. Die Eigelbe verquirlen und vorsichtig auf den Eischnee gleiten lassen. Das Mehl darübersieben und beides vorsichtig mit einem Spatel unter den Eischnee heben.

5 Bedecken Sie die Hühner mit dem Eischnee und lassen Sie das Gericht ca. 20 Min. backen, bis die Eimasse bräunlich wird.

GÄNSEBRATEN (ENGLAND, 14. JHD.)

10 Port. | 5 Std. | Mittel

Zutaten

1 Gans, ca. 3 - 4 kg

Für die Füllung:

2 Quitten (alternativ säuerliche Äpfel)
2 Birnen
1 Bund glatte Petersilie
1 TL Bohnenkraut, getrocknet
1 TL Salbei, getrocknet
1 TL Ysop, getrocknet (alternativ Minze)
3 Knoblauchzehen
150 g rote oder grüne Weintrauben

Für die Soße:

Hals und Innereien der Gans
500 ml Fleischbrühe
1 EL Bratenfett von der Gans
1 kleine Zwiebel
3 EL Rotwein
1 EL Rotweinessig
3 Weißbrotscheiben ohne Rinde
1 TL Poudre fin (Gewürzmischung), s. Rezept: Huhn mit Datteln und Backpflaumen
Salz n. B.

1 Die ungeschälten Quitten abreiben, damit der Flaum entfernt wird. Mit Wasser bedeckt 1 Std. kochen, dann abgießen und abkühlen lassen.

2 Birnen und Quitten schälen, die Kerne entfernen und die Früchte in kleine Stücke schneiden. Die Knoblauchzehen schälen und mit etwas Salz zerreiben, Petersilie fein hacken. Alle Kräuter, Knoblauch und die Weintrauben unter die Quittenmasse mischen.

3 Heizen Sie den Backofen auf 180 °C (Ober-/Unterhitze) vor.

4 Füllen Sie nun die Gans mit der Quitten-Kräuter-Masse und nähen Sie die Hals- und Bürzelöffnung mit Küchengarn zu. Legen Sie die Gans in einen großen Bräter und lassen Sie sie für 2,5 bid 3,5 Std. im Ofen braten. Bepinseln Sie die Oberfläche dabei regelmäßig mit dem austretenden Bratensaft.

5 In der Zwischenzeit lassen Sie die Brühe mit den Innereien und dem Hals aufkochen und während der Bratzeit ständig leise köcheln.

6 Das Fleisch ist gar, wenn sich ein Flügelknochen leicht lösen lässt; nehmen Sie dann die Gans heraus und stellen sie im Ganzen warm oder zerteilen Sie sie in Stücke und halten diese in einer Form abgedeckt im Ofen bei 100 °C warm.

7 Rösten Sie das Weißbrot kurz in einer Pfanne trocken an und zerstoßen Sie das Röstbrot zu feinen Krumen.

Nährwerte p. P.

1.370 kcal
19 g Kohlenhydrate
117 g Fett
56 g Eiweiß

8 Schneiden Sie die Zwiebel in kleine Würfel und braten Sie sie in 1 EL Gänsebratfett an. Gießen Sie die heiße Brühe und den Rotwein an und geben Sie die Brotkrumen dazu. Lassen Sie die Soße köcheln, bis sie leicht andickt.

9 Zuletzt fügen Sie die Füllung aus der Gans, Essig und die Gewürzmischung hinzu und schmecken kräftig ab. Lassen Sie die Soße noch einmal aufkochen und geben Sie bei Bedarf noch etwas Wein oder mehr Brotkrumen dazu.

10 Tragen Sie die Gans mit etwas Soße begossen auf und servieren Sie die restliche Soße extra dazu.

BLANCMANGER, BLAMENSIER (WEIẞE SPEISE, 14. JHD.)

10 Port. | 50 Min. + 8 Std. Ruhezeit | Mittel

Zutaten

2 l Milch, 1,5 %
700 g geschälte Mandeln
70 g Reismehl
600 g Hähnchenbrustfilet (als Fastenspeise: Hecht oder anderer Süßwasserfisch)
120 g Butter
10 g getrocknete Veilchen- oder Rosenblüten
250 g Zucker
1 Pr Salz

Nährwerte p. P.

819 kcal
43 g Kohlenhydrate
53 g Fett
37 g Eiweiß

1 Mahlen Sie die geschälten Mandeln fein und lassen Sie sie über Nacht mit der Milch kühl stehen. Am nächsten Tag durch ein Tuch oder feines Sieb abseihen, die Mandelmasse gut ausdrücken und anderweitig verwenden.

2 Setzen Sie nun die Mandelmilch aufs Feuer und kochen darin die Hähnchenbrustfilets für 20 Min. weich. Nach der Kochzeit das Fleisch herausnehmen und warm stellen.

3 Lassen Sie die Butter in einem Tiegel zerlaufen und schwitzen Sie darin das Reismehl kurz an. Diese Mehlschwitze rühren Sie mit dem Schneebesen in die Mandelmilch und lassen sie für 20 Min. bei mittlerer Hitze einkochen. Die Flüssigkeit sollte nun eingedickt sein wie ein Pudding.

4 Das Hähnchenfleisch sehr fein hacken und zerzupfen und unter die Milchmischung rühren. Getrocknete Blüten im Mörser fein zerreiben und mit dem Zucker und 1 Prise Salz in das Blancmanger rühren. In kleinen Schalen etwas abkühlen lassen und lauwarm oder kalt servieren.

Dieses ungewöhnliche gehaltvolle Rezept findet sich in allen Kochbüchern des Mittelalters wieder. Als süße Hauptspeise auf adeligen Tafeln serviert, vermutet man den arabischen Einfluss auf europäische Küchen, da dort die Zubereitung von gesüßten Fleischspeisen bereits früher bekannt war.

Getränke

An den höfischen Tafeln wurde als Getränk überwiegend Bier und Wein gereicht. Wer Wasser trank, galt als Asket, und auch wenn Wein z. B. aus südlichen Ländern teuer war: Bei Festen wurde das Beste aus Küche und Keller aufgetischt. Wer Wein mit Wasser vermischte, um einen Mangel zu verdecken, galt bei Gästen als knausrig. Im alltäglichen Leben der höheren Gesellschaft wurde Wein aber durchaus auch gemischt getrunken. Man vermutet, dass durch die Mischung mit dem alkoholischen Wein oft die zeitweise nicht sehr hygienische Wasserqualität ausgeglichen wurde und vor Krankheiten schützte. Wein wurde auch zu medizinischen Zwecken genutzt, ob als Stärkungsmittel oder mit Abreibungen und zur Wundpflege.

HYPOCRAS (GEWÜRZWEIN)

5 Port. | 10 Min. + 2 Tage Ruhezeit | Leicht

Zutaten

250 ml trockener Weißwein
250 g Rohrzucker
2 Zimtstangen
4 Gewürznelken
4 Kardamomkapseln
5 Koriandersamen
1 Sternanisschote
½ TL geriebene Muskatnuss
750 ml Rotwein

Nährwerte p. P.

336 kcal
53 g Kohlenhydrate
0 g Fett
1 g Eiweiß

1 Die Gewürze im Mörser zerstoßen, bis die Anis- und Kardamomsamen aus den Schalen fallen.

2 Erhitzen Sie den Weißwein zusammen mit dem Zucker und den Gewürzen, bis der Zucker sich aufgelöst hat.

3 Gießen Sie den Rotwein dazu und lassen Sie den gewürzten Wein in einem zugedeckten Gefäß 2 - 3 Tage bei Zimmertemperatur ziehen.

4 Nach dem Abfiltern durch ein Tuch oder Sieb wird Hypocras kalt oder erhitzt serviert.

MULSUM (GEWÜRZTER HONIGWEIN)

20 Port. | 10 Min. + 1 Woche Ruhezeit | Leicht

Zutaten

3 l trockener Weißwein
500 g Honig
8 Lorbeerblätter
10 schwarze Pfefferkörner
10 Koriandersamen
1 TL Fenchelsamen

Nährwerte p. P.

177 kcal
18 g Kohlenhydrate
0 g Fett
0 g Eiweiß

1 Zerstoßen Sie Pfeffer, Koriander und Fenchel grob im Mörser.

2 Erhitzen Sie 1 l Wein mit dem Honig, bis der Honig sich komplett aufgelöst hat. Nun geben Sie die Gewürze hinzu und lassen alles kräftig aufkochen. Bei reduzierter Hitze ca. 15 Min. köcheln lassen und dann vom Feuer nehmen. Zugedeckt für mindestens 1 Woche kühl stellen – je länger die Mischung steht, desto intensiver wird der Geschmack des Würzweins.

3 Zum Servieren rühren Sie die restlichen 2 l Wein zum Ansatz und rühren alles kräftig durch. Gießen Sie den Wein durch ein Sieb ab und servieren Sie ihn kalt oder auch erhitzt.

Würzweine kennt schon die Antike, und an jedem Hof wurde heimkehrenden Rittern nach ihrer Ankunft ein Becher gewürzten Weins kredenzt. Unser beliebter Glühwein ist ein Nachfahre des oben beschriebenen Mulsum, das bereits im antiken Rom als eine Art Aperitif gereicht wurde, um den Appetit und die Verdauung zu fördern.

CLAIRET (WÜRZWEIN, FRANKREICH, 14. JHD.)

8 Port. | 10 Min. + 8 Std. Ruhezeit | Leicht

Zutaten

1 l trockener Weißwein
500 g Honig
2 Zimtstangen
50 g frischer Ingwer
2 Gewürznelken
8 Kardamomkapseln
3 EL Rosenwasser

Nährwerte p. P.

273 kcal
47 g Kohlenhydrate
0 g Fett
0 g Eiweiß

1 Zerstoßen Sie die Gewürze sehr fein im Mörser. Ingwerwurzel schälen und sehr fein hacken.

2 Geben Sie die Gewürze und den Wein in einen Topf und lassen den Ansatz über Nacht ziehen.

3 Am nächsten Tag den Honig zufügen und die Mischung zum Kochen bringen. Einige Male kräftig aufwallen lassen und dann mithilfe einer Kelle abschäumen, durch ein feines Tuch abseihen. Das Rosenwasser zum Schluss unterrühren. Clairet wird warm oder kalt getrunken.

MANDELMILCH

1 l. | 10 Min. + 8 Std. Ruhezeit | Leicht

Zutaten

200 g blanchierte, abgezogene Mandeln
500 ml kaltes Wasser

1 l kaltes Wasser
1 Pr Salz

Nährwerte p. P.

1.239 kcal
10 g Kohlenhydrate
109 g Fett
42 g Eiweiß

1 Weichen Sie die Mandeln über Nacht in 500 ml Wasser ein und gießen Sie am nächsten Tag das Einweichwasser weg.

2 Zerstoßen Sie die Mandeln im Mörser zu sehr feinem Mus und vermischen Sie das Mus mit 1 l Wasser und 1 Prise Salz (alternativ mixen Sie die Mandeln mit Wasser und Salz im Mixer sehr fein cremig durch).

3 Durch ein feinmaschiges Haarsieb oder ein Baumwolltuch abseihen und die Mandelmasse gut ausdrücken. Die Mandeln können z. B. für Süßspeisen oder zum Backen weiterverwendet werden. Die Mandelmilch kalt stellen und innerhalb von 3 Tagen verwenden.

Mandelmilch wurde vor allem in der Fastenzeit als Milchersatz für tierproduktfreie Fastenspeisen verwendet, aber auch als Getränk.

LIEBESTRANK (ENGLAND, 14. JHD.)

2 Port. | 20 Min. | Leicht

Zutaten

400 ml Mandelmilch
4 EL getrocknete Rosenblütenblätter
1 TL Zimt
1 TL gemahlener Ingwer
2 TL Reismehl
100 g frische Datteln (ersatzweise getrocknete, in Wasser für 4 Std. eingeweicht)
3 EL Pinienkerne

Nährwerte p. P.

280 kcal
38 g Kohlenhydrate
9 g Fett
7 g Eiweiß

1 Zerreiben Sie die Rosenblütenblätter fein im Mörser und geben Sie sie in die Mandelmilch. Für 10 Min. ziehen lassen. Die Datteln sehr fein hacken, die Pinienkerne ganz leicht anrösten.

2 Zimt und Ingwer zur Milch geben und zum Kochen bringen, 5 Min. bei geringer Hitze köcheln lassen.

3 Rühren Sie nun das Reismehl mit 1 – 2 EL Wasser glatt und geben es zur Milch. Noch einige Minuten köcheln lassen, bis die Flüssigkeit leicht abbindet. Zum Schluss die Datteln und die gerösteten Pinienkerne in die Milch geben und das Getränk in Trinkschalen servieren, mit einigen Rosenblüten garniert.

Rosen, Zimt und Ingwer galten als aphrodisierend – daher der Name des Getränks, das aus dem englischen Königshaus des 14. Jahrhunderts stammt. Mit seiner nahrhaften Rezeptur war dieser Trunk sicher auch stärkend!

Süßes, Kuchen & Desserts

In der Schüssel vor Hildegund leuchteten rot und saftig die frischen Erdbeeren. Wie gern hätte sie davon genascht! Aber unter den wachsamen Augen von Küchenmeister Albin traute sich niemand, etwas abzuzweigen. Empfindliche Strafen bis zum Auspeitschen standen auf Diebstahl von Lebensmitteln.

Die herrlichen Früchte sollten für eine Nachspeise zum Hochzeitsessen verarbeitet werden, stand doch das Rot und die Herzform für die Liebe … Ob es wohl Liebe werden würde zwischen dem alternden Markgrafen und Prinzessin Gisela? In der Küche wurde viel über die neue Verbindung getratscht, hing doch auch von der neuen Burgherrin ab, wie das Personal behandelt würde. Die frühere Markgräfin Leonor war allseits beliebt gewesen, hatte immer ein Herz für die Armen und Bedürftigen gehabt, und sie konnte mäßigend auf ihren oft jähzornigen Ehemann einwirken. Alle Bediensteten hofften, dass es sich mit dem Einzug der neuen Herrin nicht zum Schlechteren wenden würde … Hildegund zupfte weiter die Blätter von den Erdbeeren und schnitt sie klein. Wenigstens den Duft der Früchte an ihren Händen würde sie heute Abend mit nach Hause nehmen können.

EPFEL IN VINE MITH MANDEL (BRATÄPFEL IN WEIN)

10 Port. 35 Min. Leicht

Zutaten

10 große säuerliche Äpfel
10 EL Johannisbeergelee
100 g Rosinen
100 g Mandeln, blanchiert und gehäutet
5 EL Butter
750 ml Weißwein
5 EL brauner Zucker
2 - 3 TL Zimt

Nährwerte p. P.

334 kcal
43 g Kohlenhydrate
9 g Fett
3 g Eiweiß

1 Die Äpfel waschen und gut abtrocknen. Mit einem Apfelausstecher oder spitzem Messer das Kerngehäuse so ausstechen, dass der Boden der Äpfel intakt bleibt. Heizen Sie den Backofen auf 180 °C (Ober-/Unterhitze) vor.

2 Die abgezogenen Mandeln in Stifte schneiden und mit Johannisbeergelee und Rosinen mischen. Verteilen Sie die Füllung gleichmäßig in den ausgehöhlten Äpfeln und belegen Sie jeden Apfel mit 1 TL Butter.

3 In eine große Bratreine/Auflaufform den Wein gießen, die Äpfel hineinstellen und im Ofen für ca. 20 Min. braten, bis die Äpfel beginnen aufzuplatzen.

4 Zucker und Zimt mischen und jeden Apfel mit etwas Soße begossen und mit Zimtzucker bestreut servieren.

BIRNENPUDDING

6 Port.
1 Std., 35 Min.
Mittel

Zutaten

6 reife mittelgroße Birnen
300 ml Weißwein
30 g Butter
75 g Rohrzucker
½ TL Zimt
250 ml Sahne
5 Eigelbe Gr. M

Nährwerte p. P.

392 kcal
23 g Kohlenhydrate
23 g Fett
4 g Eiweiß

1 Die Birnen waschen, schälen, in Viertel schneiden und entkernen, dann in kleine Stücke schneiden. Mit dem Wein und Butter in einem Topf aufkochen und bei mittlerer Hitze ca. 10 Min. weich kochen.

2 Die Birnenstücke über einer Schüssel in ein Sieb abgießen und durch das Sieb passieren (alternativ mit dem Mixer pürieren).

3 Das Birnenpüree mit Zucker und Zimt abschmecken und mit der Sahne zurück in den Topf geben. Die Eigelbe nacheinander gut unterschlagen und die Masse bei geringer Hitze und unter ständigem Rühren andicken lassen (nicht kochen!). Die Creme in kleine Schälchen füllen und 1 Std. kalt stellen.

ERPER MŮSS (ERDBEERMUS)

6 Port. | 1 Std., 35 Min. | Mittel

Zutaten

600 g Erdbeeren
60 g Weißbrotkrumen
3 EL Honig
1 Schuss Wasser
100 ml Rotwein
1 ½ EL milder Essig
½ TL gemahlener schwarzer Pfeffer
½ TL gemahlener Ingwer

Nährwerte p. P.

107 kcal
20 g Kohlenhydrate
0 g Fett
1 g Eiweiß

1 Die Erdbeeren waschen, putzen und in kleine Stücke schneiden. Mit den Weißbrotkrumen und einem Schuss Wasser pürieren. Rotwein, Essig und Honig dazugeben und alles in einem Topf kräftig aufkochen lassen. Bei ganz geringer Hitze weiter ca. 10 Min. köcheln lassen, bis das Mus beginnt, etwas einzudicken.

2 Nach Geschmack mit weiterem Honig, Essig oder Wein abschmecken und das Ingwerpulver und Pfeffer unterrühren.

3 Füllen Sie das Mus in Schälchen und lassen Sie es lauwarm oder völlig abkühlen.

Von ainem Erper můss ze machen.

Item schlah Erper durch mit weissem prot vnd mit hönigk, vnd thue essich vnd wein daran vnd gůt gewürcz. Das haist ein Erper műß.

MITTELALTERLICHES KONFEKT

100 Stk. 35 Min. Leicht

Zutaten

150 g feines Weißbrot, getrocknet
35 g gemahlene Mandeln
35 g gemahlene Pistazien
500 g getrocknete Datteln
100 g Butter
2 EL Öl zum Aromatisieren (Zitronen- oder Orangenöl aus in Öl eingelegten Schalen, Nussöl)
1 TL Salz
100 g Rohrzucker

Nährwerte p. P.

37 kcal
5 g Kohlenhydrate
1 g Fett
0 g Eiweiß

1 Zerstoßen Sie im Mörser das getrocknete Brot sehr fein. Die Datteln möglichst klein schneiden und ebenfalls mörsern oder pürieren.

2 In einer Schüssel mischen Sie die Brotkrumen mit den Mandeln, dem Salz und den Datteln. Schmelzen Sie die Butter und fügen Sie sie mit dem Öl zu den trockenen Zutaten. Alles gut mit den Händen durchmischen, bis eine formbare Masse entsteht.

3 Formen Sie ca. 100 kirschgroße Kugeln, die Sie in dem braunen Zucker wälzen. Kalt stellen bis zum Verzehr, dabei wird die Butter wieder fest.

FRANKFURTER BRENTEN

50 Stk. | 40 Min. + 12 Std. Ruhezeit | Mittel

Zutaten

500 g Marzipanmasse
125 g Puderzucker
1 Eiweiß Gr. M
20 - 30 g Weizenmehl
10 g Rosenwasser
abgeriebene Schale von 1 Zitrone
50 g Puderzucker zum Bestäuben

1 TL Schmalz
1 EL Mehl für das Backblech

Sie benötigen:

Holzmodel für Brenten

Nährwerte p. P.

63 kcal
10 g Kohlenhydrate
1 g Fett
0 g Eiweiß

1 Verkneten Sie die Marzipanmasse mit dem ungeschlagenen Eiweiß, dem Puderzucker, Rosenwasser und Zitronenschale gründlich. Mischen Sie so viel Mehl unter, dass der Teig nicht mehr stark klebt.

2 Bestreuen Sie das Holzmodel mit Puderzucker und fetten Sie 1 - 2 Backbleche mit dem Schmalz ein. Bestäuben Sie die Bleche mit Mehl.

3 Legen Sie den Teig portionsweise auf das Model und rollen ihn mit einer Teigrolle vorsichtig glatt, überstehende Ränder abschneiden. Klopfen Sie den Teig vorsichtig aus dem Model und schneiden Sie die Kanten gerade. Das Model immer wieder mit neuem Puderzucker bestäuben, bevor Sie die nächste Portion Teig ausrollen. Legen Sie die einzelnen Brenten auf das bemehlte Backblech und fahren Sie fort, bis der gesamte Teig aufgebraucht ist. Die Brenten über Nacht bei Zimmertemperatur trocknen lassen.

4 Heizen Sie am nächsten Tag den Backofen auf 150 °C (Ober-/Unterhitze) vor und backen Sie die Brenten ca. 15 Min. auf der mittleren Schiene.

DUCETTES (SAFRAN-SAHNE-TORTE, 15. JHD.)

10 Port. 35 Min. Leicht

Zutaten

230 g Dinkelmehl Type 630 (alternativ Weizenmehl Type 550)
70 g Butter
40 g Schmalz
1 kleines Glas kaltes Wasser
350 ml Schlagsahne
6 Eigelbe Gr. M
125 ml Milch, 1,5 %
70 g Zucker
1 Pr Salz
5 Safranfäden

Nährwerte p. P.

360 kcal
24 g Kohlenhydrate
26 g Fett
5 g Eiweiß

1 Für den Teig das Mehl mit Butter, Schmalz und schluckweise so viel Wasser verkneten, dass ein glatter, nicht zu trockener Teig entsteht. Formen Sie den Teig zu einer Kugel und stellen ihn für 30 Min. kalt.

2 Fetten Sie eine runde Kuchenform (ca. 26 cm Durchmesser) mit etwas Schmalz. Heizen Sie den Backofen auf 200 °C (Ober-/Unterhitze) vor.

3 Drücken Sie den Teig in die Form, am Boden ca. 3 mm dick, den Rand ca. 1 cm hochziehen. Stechen Sie den Teigboden mit einer Gabel mehrmals ein. Für 20 Min. vorbacken, bis der Boden leicht hellbraun wird, dann auf einem Rost etwas abkühlen lassen. Reduzieren Sie die Temperatur des Ofens auf 150 °C.

4 In der Zwischenzeit rühren Sie die Eigelbe mit der Sahne, der Milch, dem Zucker und Salz glatt. Die Safranfäden im Mörser sehr fein zerreiben und zur Füllung geben, gleichmäßig unterrühren. Die Füllung auf den vorgebackenen Boden geben und bei 150 °C für 45 Min. backen. Lassen Sie die Torte gut abkühlen, damit sich die Füllung noch etwas weiter verfestigt.

TOURTE DE POMMES (GEDECKTE APFELTORTE, 16. JHD.)

10 Port.

1 Std., 30 Min. + 1 Std. Ruhezeit

Mittel

Zutaten

320 g Dinkel- oder Weizenmehl
1 Pr Salz
150 g Butter
2 EL Öl
2 EL kaltes Wasser
1 EL Butter für die Form

1 kg säuerliche Äpfel
15 getrocknete Feigen (alternativ Backpflaumen)
100 g Rosinen/Sultaninen
150 ml fruchtiger Weißwein
2 TL Poudre fine (mittelalterliche Gewürzmischung mit Zimt, Paradieskörnern, Ingwer, Nelken und Zucker)
1 TL Anissamen

2 Safranfäden
2 EL Milch

Nährwerte p. P.

377 kcal
49 g Kohlenhydrate
16 g Fett
4 g Eiweiß

1 Für den Teig das Mehl mit Salz in einer Schüssel mischen. Die Butter schmelzen und mit Öl und kaltem Wasser zum Mehl geben. Alles zuerst mit dem Löffel, dann mit den Händen rasch vermischen, eine Kugel aus dem Teig formen und mit etwas Mehl bestäubt kurz ruhen lassen.

2 Die Äpfel bis auf 2 schälen und klein würfeln. Die restlichen beiden Äpfel im Mixer fein zermusen, alternativ im Mörser ein Mus herstellen. Die Feigen in kleine Stücke schneiden, Anissamen fein zerstoßen.

3 Apfelmus, Trockenfrüchte, Weißwein, Anis und Poudre fine gut vermengen. Sind die Äpfel sehr säurereich, noch etwas Zucker oder Honig untermischen. Zum Schluss die Apfelstücke unterheben.

4 Fetten Sie eine runde Form (ca. 26 cm Durchmesser) mit 1 EL Butter. ⅔ des Teigs als Boden in der Form verteilen, den Rand ein wenig hochziehen. Den restlichen Teig auf bemehlter Fläche dünn als Deckel ausrollen. Die Apfelfüllung auf dem Boden verteilen, mit dem Deckel belegen und am Rand etwas festdrücken. Lassen Sie den Kuchen nun 1 Std. kühl ruhen.

5 Den Backofen auf 175 °C (Ober-/Unterhitze) vorheizen und den Kuchen darin 30 Min. backen. In der Zwischenzeit den Safran fein mörsern und in 2 EL Milch auflösen. Die Oberfläche des Kuchens mit der Safranmilch bepinseln und weitere 30 bis 35 Min. backen, bis er schön goldbraun ist.

BRUGNES (MITTELALTERLICHE SALBEIKRAPFEN)

8 Port. 30 Min. Mittel

Zutaten

1 Bund frischer Salbei
1 EL Honig
100 g Weizenmehl
1 Ei Gr. M
50 ml Weißwein
etwas kaltes Wasser

Öl oder Schmalz zum Ausbacken
Zucker zum Bestreuen n. B.

Nährwerte p. P.

92 kcal
11 g Kohlenhydrate
3 g Fett
1 g Eiweiß

1 Zupfen Sie die Blätter vom Salbei ab, waschen Sie sie und trocknen Sie sie mit Küchenpapier gründlich ab. Hacken Sie die Blätter in kleine Stückchen.

2 Geben Sie das Mehl in eine Schüssel und drücken Sie eine Vertiefung in die Mitte. Dahinein geben Sie das Ei, den Honig und den gehackten Salbei. Verrühren Sie von der Mitte aus und geben Sie dabei den Wein und evtl. etwas Wasser dazu. Der Teig soll zähflüssig sein.

3 Erhitzen Sie das Frittierfett in einer tiefen Pfanne, bis es beginnt, Schlieren zu ziehen. Mit 2 Löffeln stechen Sie vom Teig jeweils eine Portion ab und lassen sie vorsichtig ins heiße Fett gleiten. Wenn die Krapfen goldbraun sind, herausnehmen und auf Küchenpapier abtropfen lassen. Nach Belieben mit Zucker bestreuen.

4 Servieren Sie die Krapfen zu Wein oder Hipocras, dem mittelalterlichen Würzwein.

CHUEGLEN VON VEYGEN VND WEINPER (FEIGENKNÖDEL)

12 Port. 30 Min. Mittel

Zutaten

15 getrocknete Feigen
150 g Rosinen/Sultaninen
300 g Weizenmehl Type 550
2 Eier Gr. M
3 Fäden Safran
1 Glas Wasser
ca. 1 l Öl zum Ausbacken
100 g Zucker
3 TL Zimt

Nährwerte p. P.

256 kcal
39 g Kohlenhydrate
8 g Fett
3 g Eiweiß

1 Die Feigen sehr klein schneiden, die Rosinen möglichst klein hacken. Vermischen Sie die Trockenfrüchte und formen Sie daraus 12 ca. tischtennisballgroße Kugeln.

2 Mörsern Sie den Safran fein und mischen ihn mit 1 EL Wasser. Geben Sie das Mehl in eine Schüssel und arbeiten Sie die verquirlten Eier und das Safranwasser unter. Geben Sie schluckweise so viel Wasser zum Teig, dass er geschmeidig und gut formbar wird.

3 Teilen Sie 12 Portionen vom Teig ab und umhüllen Sie je eine Feigenkugel mit Teig.

4 Erhitzen Sie das Öl in einer tiefen Pfanne und backen Sie die Knödel nacheinander goldbraun aus. Etwas abtropfen lassen und in Zimtzucker wälzen, warm servieren.

FLÄMISCHER BROTPUDDING

8 Port. | 1 Std., 40 Min. | Leicht

Zutaten

300 g altbackenes Weißbrot, Semmel oder Hefezopf
600 ml Milch, 3,5 %
200 g Zucker
5 Eier Gr. M
1 EL Reismehl
1 Vanilleschote
½ TL Zimt
150 g Rosinen
20 g Butter

Nährwerte p. P.

363 kcal
61 g Kohlenhydrate
9 g Fett
8 g Eiweiß

1 Schneiden Sie die Vanilleschote längs auf und schaben das Mark heraus. Geben Sie das Vanillemark und die Schote zur Milch, rühren den Zucker ein und erhitzen die Flüssigkeit bei mittlerer Hitze. Fügen Sie den Zimt zu und lassen Sie die Mischung 20 Min. abkühlen.

2 Schneiden Sie das Weißbrot in ca. 2 cm große Würfel. Entfernen Sie die Vanilleschote aus der Milch und gießen die Flüssigkeit über die Brotwürfel. Lassen Sie die Masse 15 Min. quellen und rühren Sie anschließend mit einer Gabel gut durch. Die verquirlten Eier gründlich unterrühren und das Reismehl sowie die Rosinen zum Schluss unterarbeiten. Nochmals 15 Min. quellen lassen.

3 Heizen Sie den Backofen auf 180 °C (Ober-/Unterhitze) vor und fetten Sie eine Auflaufform mit etwas Butter.

4 Geben Sie die Brotmischung in die Form, streichen Sie sie glatt und belegen Sie sie mit Butterflöckchen. 40 bis 45 Min. goldbraun backen und warm servieren.

Tipp: Dazu schmeckt Kompott oder eine Fruchtsoße. Eine Abwandlung ist der heute noch bekannte „Scheiterhaufen“, bei dem abwechselnd Brotmasse und Apfelscheiben in die Form geschichtet werden.

EYN GUOT SPISE VONN BIRN UND APFEL (BIRNEN-APFEL-SPEISE)

4 Port. 40 Min. Mittel

Zutaten

3 Eier Gr. M
6 EL feines Weizenmehl
100 - 150 ml Milch, 1,5 %
50 g Butter
8 Weißbrotscheiben

2 mittlere Äpfel
2 süße Birnen
3 - 4 EL Wasser
1 Pr Pfeffer
1 Sternanis
1 TL Zimt
1 Eigelb Gr. M

2 EL Zucker
1 TL Zimt

Nährwerte p. P.

478 kcal
65 g Kohlenhydrate
17 g Fett
11 g Eiweiß

1 Aus Eiern, Mehl und Milch einen glatten, nicht zu dünnen Eierkuchenteig schlagen und 20 Min. ruhen lassen.

2 Die Äpfel und Birnen schälen, vierteln und entkernen, dann in kleine Würfel schneiden und mit etwas Wasser zugedeckt zu Mus verkochen. Mit Zimt, fein gestoßenem Pfeffer und Anis abschmecken, das Eigelb unterrühren und das Mus auf 4 Weißbrotscheiben verteilen. Mit den restlichen Brotscheiben abdecken.

3 Lassen Sie die Butter bei mittlerer Hitze in einer Pfanne schmelzen. Tauchen Sie die Brotscheiben nacheinander in den Eierkuchenteig und backen Sie die Schnitten von beiden Seiten in der Butter goldbraun aus. Zum Servieren dick mit Zimtzucker bestreuen und warm auftragen.

ORANGEN-EIER-DESSERT

6 Port. | 10 Min. | Leicht

Zutaten

2 unbehandelte Orangen (Original: Bitterorange, Pomeranze)
2 unbehandelte Zitronen
6 Eier Gr. M
2 EL Rohrzucker
2 EL Butter
1 Zweig frische Minze

Nährwerte p. P.

118 kcal
7 g Kohlenhydrate
7 g Fett
4 g Eiweiß

1 Schlagen Sie die Eier mit dem Zucker in einer Schüssel auf und verquirlen Sie sie gut. Pressen Sie die Orangen und Zitronen aus und geben den Saft zu den Eiern.

2 Lassen Sie die Butter in einer Pfanne schmelzen und braten Sie die Eiermasse bei niedriger Hitze unter gelegentlichem Umrühren. Die Masse sollte cremig stocken und wird heiß mit etwas Minze garniert aufgetragen.

Herrenbrot

Der griechische Arzt Anthimus schrieb um 500 n. Chr. in seinem Werk „De observatione ciborum" über Brot: „Vor allem esse man weißes, gut gesäuertes Brot, nicht ungesäuertes; und gut gebacken soll es sein, denn wenn es nicht gut aufgegangen ist, liegt es schwer im Magen. Was den (Weizen) betrifft, so ist er stärker als Gerste, er ist nahrhafter, wird aber nicht so gut verdaut ... Mischbrot ist freilich nahrhafter und sorgt für eine bessere Verdauung." (De observatione ciborum im Lorscher Arzneibuch, Fol. 72r-74v) [4]

Anders als die Landbevölkerung aß der Adel und die höhergestellte Bürgerschaft Brot aus fein gemahlenem Weizen. Außer in England, wo es keine Salzsteuer gab, wurde das Brot zunächst nicht gesalzen. Manchmal mit Kräutern oder Gewürzen aromatisiert, galt das Brot als „Beiwerk" zu den Hauptmahlzeiten. Fleisch wurde oft auf einer Scheibe Brot serviert, um den Fleischsaft aufzusaugen, und außer beim Frühstück, das auch bei hochgestellten Häusern aus Brot und Wein bestand, oder zur Zwischenmahlzeit am Nachmittag, wurde das Brot oft sogar übrig gelassen. Bei wohltätigen Häusern wurde das Restbrot dann an Bettler verteilt.

SCHOENEZ BRÁT, WIZ BRÁT (FEINES WEIZENBROT)

10 Port. | 2 Std., 20 Min. | Mittel

Zutaten

500 g Weizenmehl Type 550 oder 1050
500 ml warmes Wasser
5 TL Trockenhefe
1 TL Honig
6 EL Olivenöl
2 TL Salz n. B.
Fenchelsamen, Rosmarin, Anis, getrocknete Kräuter n. B.
Olivenöl zum Bestreichen

Nährwerte p. P.

270 kcal
36 g Kohlenhydrate
11 g Fett
5 g Eiweiß

1 Lösen Sie den Honig und die Hefe im warmen Wasser auf und geben Sie die Hälfte des Mehls dazu. Verrühren Sie den Vorteig kräftig und lassen ihn 1 Std. zum Gären stehen.

2 Fügen Sie das Olivenöl, das restliche Mehl und Salz n. B. zum Vorteig und kneten Sie alles kräftig für ca. 5 Min. durch. Decken Sie den Teig in einer geölten Schüssel ab und lassen ihn 30 Min. an einem warmen Ort gehen.

3 Teilen Sie den Teig in 3 bid 4 Portionen und kneten Sie die Gewürze nach Belieben unter. Formen Sie die Teigstücke zu runden oder länglichen Laiben, bestreichen Sie sie mit Olivenöl und legen Sie sie mit etwas Abstand auf Backbleche. Lassen Sie die Teiglinge zugedeckt weitere 20 bis 30 Min. gehen.

4 Heizen Sie den Backofen auf 225 °C (Ober-/Unterhitze) vor und lassen Sie die Brote ca. 20 Min. backen, bis sie hellbraun sind und beim Beklopfen hohl klingen. Nach dem Backen noch einmal mit etwas Olivenöl bepinseln.

SAFRANBROT (ENGLAND, 15. JHD.)

8 Port. 2 Std., 15 Min. Mittel

Zutaten

175 ml heiße Milch, 1,5 %
4 Safranfäden
40 g frische Hefe
4 EL warmes Wasser
350 g Weizenmehl Type 550
2 TL Salz
2 Eier Gr. M
50 g Zucker n. B.
50 g Rosinen n. B.
1 TL Öl zum Fetten des Blechs

Nährwerte p. P.

182 kcal
32 g Kohlenhydrate
2 g Fett
7 g Eiweiß

1 Zerreiben Sie die Safranfäden im Mörser fein und lösen das Pulver in der heißen Milch auf, abkühlen lassen.

2 Sieben Sie das Mehl mit dem Salz in eine Schüssel und drücken eine Mulde in die Mitte. Darin die zerbröckelte Hefe mit dem warmen Wasser auflösen, mit etwas von dem Mehl zu einem flüssigen Vorteig verrühren und abgedeckt ca. 30 Min. stehen lassen, bis der Vorteig Blasen wirft und sich deutlich vergrößert hat.

3 Geben Sie nun die verquirlten Eier, die Safranmilch und Zucker n. B. hinzu und kneten Sie einen elastischen Teig aus allen Zutaten. Klebt der Teig noch sehr, kneten Sie noch etwas Mehl unter. Formen Sie den Teig rund und lassen ihn in einer geölten Schüssel abgedeckt 45 Min. gehen, bis er sein Volumen verdoppelt hat. Dann kneten Sie den Teig noch einmal kräftig durch. Möchten Sie Rosinen zum Teig geben, fügen Sie diese in diesem Arbeitsschritt hinzu. Formen Sie den Teig zu einem runden Laib. Ziehen Sie dabei immer wieder die äußeren Ränder der Kugel unter den Teig, sodass die Oberfläche eine schöne Spannung hat. Setzen Sie den Laib auf ein gefettetes Backblech, decken ihn mit einem Tuch ab und lassen ihn nochmals 30 Min. gehen.

4 Heizen Sie den Backofen auf 190 °C (Ober-/Unterhitze) vor und lassen Sie das Brot ca. 25 Min. backen. Nach dem Backen mit etwas Wasser besprühen und auf einem Gitter abkühlen lassen.

Tipp: Dieses Brot eignete sich ungezuckert und ohne Rosinen gut als Röstbrot zu Fisch, Fleisch oder Suppen, gesüßt und mit Rosinen als Brot zum Frühstück oder zur Zwischenmahlzeit.

Ausklang

Hildegund lief müde die 2 Meilen zurück in ihr Dorf. Sie konnte kaum noch die Füße voreinandersetzen, aber in ihrem Beutel trug sie Leckereien, die sie unbedingt ihrer Kinderschar und ihrem Mann bringen wollte. Das Hochzeitsfest war vorüber, in Saus und Braus hatten mehr als 250 geladene Gäste gefeiert und geschmaust, was die Küche aufgetischt hatte. Beim Abtragen der Tafeln waren so viele gute Sachen zurückgebracht worden, dass man davon noch einmal ein Fest hätte feiern können … Der strenge Küchenmeister Albin hatte in die Vorratsräume bringen lassen, was noch verwertbar war, und alles andere hatte er großzügig unter seinem Personal aufgeteilt. Selbst die geringsten Küchenjungen, die für das Holzholen zuständig waren, hatten ihren Anteil an Süßigkeiten und mit Fleischsaft vollgesogenem Brot bekommen. Albin war zwar streng, achtete aber auch auf Gerechtigkeit, und ein Teil seines Herzens vergaß nie, woher er ursprünglich stammte …

Da Hildegund sich in der Zubereitung der Speisen sehr geschickt angestellt hatte, war sie gebeten worden, am folgenden Tag wiederzukommen. Albin hatte eine naschhafte Küchenmagd entlassen, die sich vor allen anderen an den Platten aus dem hochherrschaftlichen Saal bedient hatte, und diese Stelle sollte nun Hildegund einnehmen. Froh über diese Wendung, beschleunigte sie ihre Schritte und freute sich schon auf die Gesichter ihrer Kinder, die nun morgen früh ein wirklich gräfliches Frühstück vorfinden würden!

adē